Gerichte aus einem Topf

Parragon
Bath · New York · Singapore · Hong Kong · Cologne · Delhi · Melbourne

Entwurf und Realisation: The Bridgewater Book Company Ltd.
Food-Fotografie: David Jordan
Rezepte: Judy Williams

Parragon Books Ltd
Queen Street House
4 Queen Street
Bath BA1 1HE, UK

Satz und Redaktion: Regine Ermert, Köln
Koordination: Antje Seidel, Köln

ISBN 978-1-4454-1190-3

Printed in China

HINWEISE
Sofern die Schale von Zitrusfrüchten benötigt wird, verwenden Sie unbedingt unbehandelte Früchte.
Sofern nichts anderes angegeben ist, wird Vollmilch (3,5 % Fett) verwendet.

Pfeffer sollte stets frisch gemahlener Pfeffer sein.

Die angegebenen Zeiten können von den tatsächlichen leicht abweichen, da je nach verwendeter Zubereitungsmethode und vorhandenem Herdtyp Schwankungen auftreten.

Die in jedem Rezept angegebenen Nährwertangaben beziehen sich jeweils auf eine Portion. Optionale Zutaten und Varianten sind hier nicht eingerechnet.

Bei Eiern und einzelnen Gemüsesorten, z. B. Kartoffeln, verwenden Sie mittelgroße Exemplare. Kinder, ältere Menschen, Schwangere, Kranke und Rekonvaleszenten sollten auf Gerichte mit rohen oder nur leicht gegarten Eiern verzichten.

Inhalt

Einleitung

Unser hektischer Lebenswandel verleitet uns nur allzu leicht dazu, immer wieder auf ungesunde Fertig- und Fastfood-Gerichte zurückzugreifen. Dabei ist Selbstgekochtes viel gesünder und auch preiswerter, dafür aber aufwändiger – ausgenommen Gerichte aus einem Topf: Sie sind unkompliziert und variantenreich. Ob Suppen, Aufläufe, Pfannengerührtes oder sogar Desserts – für jeden Anlass gibt es „Ein-Töpfe" aus den Küchen der ganzen Welt.

Selbstgekochtes schmeckt ohne Frage köstlich, doch die Zubereitung kann viel Zeit beanspruchen, ebenso der anschließende Abwasch. Für viel beschäftigte Menschen sind darum Gerichte aus einem Topf eine gute Alternative. Man kann sie in großen Portionen zubereiten, einfrieren und bei Bedarf in wenigen Minuten aufwärmen. Zudem minimieren sie das Geschirrchaos in der Küche. Wer einen Haushalt führt, einen Beruf ausübt und gleichzeitig familiäre Pflichten wahrnehmen muss, wird diese Vorteile zu schätzen wissen.

Besonders der Abwasch reduziert sich bei diesen Gerichten enorm: Abgesehen davon, dass sie in einem einzigen Topf zubereitet werden, kann man sie oftmals auch direkt daraus servieren. So erspart man sich das Säubern unzähliger Servierschüsseln, -platten und -teller, und die Speisen bleiben lange heiß, wodurch auch das Tellerwärmen meist entfällt. Leisten Sie sich optisch ansprechende Kasserollen in verschiedenen Größen, die Sie auch bei besonderen Anlässen auf den Tisch stellen können.

Viele der in diesem Buch vorgestellten Gerichte lassen sich gut vorkochen und einfrieren. Verdoppeln Sie zu diesem Zweck einfach die im Rezept angegebenen Zutatenmengen – hierfür ist natürlich ein ausreichend großer Topf erforderlich –, dann lassen Sie die Reste des fertigen Gerichts abkühlen und füllen sie anschließend je nach Bedarf in einen oder mehrere Gefrierbeutel bzw. -behälter. Auch Suppen lassen sich gut einfrieren. Im Gefrierfach halten sie sich bis zu 3 Monate. Wenn Sie sie benötigen, nehmen Sie sie einfach heraus und lassen sie vor dem Servieren 12 Stunden bei Zimmertemperatur oder 24 Stunden im Kühlschrank auftauen.

Eine große Vielfalt

Gerichte aus einem Topf sind niemals langweilig. Ob für Sommer oder Winter, ob leicht oder gehaltvoll, erfrischend oder wärmend, mild oder scharf – in diesem Buch stellen wir Ihnen köstliche Speisen für jede Gelegenheit, jeden Geschmack und jede Jahreszeit vor. Unter den zahlreichen Fleischrezepten finden sich bekannte Gerichte wie *Irish Stew* (Seite 67) und *Deftiger Fleisch- & Wursteintopf* (Seite 93), die besonders für die kalte Jahreszeit geeignet sind. Auch Fisch und Meeresfrüchte lassen sich in einem einzigen Topf zubereiten. Das *Fisch-Curry aus Goa* (Seite 128) ist ein Gericht für jeden Tag, *Kabeljau mediterran* (Seite 121) eine hervorragende Alternative zum Sonntagsbraten, und die *Mediterranen Schwertfischsteaks* (Seite 126) sind ein idealer Hauptgang für Ihre nächste Abendgesellschaft.

Natürlich gibt es auch viele vegetarische Rezepte. *Gemüse-Chili* (Seite 161) ist ein komplettes Hauptgericht. *Nudeln mit Knoblauch & Pinienkernen* (Seite 195) mögen auch Fleischliebhaber. Und für ein sommerliches Picknick empfiehlt sich der erfrischende *Insalata tricolore* (Seite 194) oder ein cremiger Risotto, wie der *Risotto frutti di mare* (Seite 187).

Selbst zahlreiche Süßspeisen und Desserts – für viele Menschen Inbegriff schwieriger Kochkunst – lassen sich ausgezeichnet in einem Topf zubereiten. Und die *Fruchtigen Pfannkuchenecken* (Seite 245) können Sie auch als

süßes Hauptgericht servieren, während Sie mit einer kühlen *Waldfrucht-Granita* (Seite 251) oder mit *Syllabub* (Seite 232) einen leichten Sommerschmaus im Freien angemessen ausklingen lassen.

Bei Gerichten aus einem Topf muss sich der Koch nicht auf die Küche eines einzigen Landes beschränken, sondern kann auf Rezepte aus aller Welt zurückgreifen. Fast immer werden dabei die Zutaten langsam und schonend gegart, was den Aromen und Farben erlaubt, sich wunderbar zu mischen. Entdecken Sie hier Neues und Exotisches, aber auch Altbekanntes in neuem Gewand, wie etwa den klassischen *Milchreis* (Seite 219 und 231). Oder versuchen Sie sich an britischen Klassikern wie *Cock-a-Leekie* (Seite 23) und *Irish Stew* (Seite 67) oder an beliebten amerikanischen Rezepten wie dem *schnellen Venusmuschel-Chowder* (Seite 29), dem *Brunswick Stew* (Seite 96), dem *Reis nach Südstaaten-Art* (Seite 177) oder dem köstlichen *Jambalaya* (Seite 184). Exotischer, aber keineswegs komplizierter sind die asiatischen Ein-Topf-Gerichte wie die *Gemüsesuppe süß-sauer* (Seite 39) und die *Garnelen süß-sauer* (Seite 148), während es bei der *Putenbrust auf mexikanische Art* (Seite 115) und beim allseits beliebten *Chili con carne* (Seite 56) eher feurig zugeht. *Pollo alla cacciatora* (Seite 103) ist ein traditionelles italienisches Gericht, *Paella del mar* (Seite 132) ein Klassiker aus Spanien. Daneben finden Sie hier Rezepte aus Marokko, Frankreich, Thailand und Griechenland – wer weiß, vielleicht wird eines davon Sie bei der Wahl Ihres nächsten Urlaubsziels inspirieren.

Kochutensilien

Hochwertiges Kochgeschirr ist für das Gelingen schmackhafter Gerichte aus einem Topf entscheidend. Billige Pfannen und Kasserollen garen die Zutaten ungleichmäßig und sind oft schwer zu säubern. Für die Rezepte dieses Buchs benötigen Sie in erster Linie verschieden große Kasserollen, Pfannen und Töpfe. Besonders Schmorgerichte verlangen nach einem Geschirr von geeigneter Größe, das alle Zutaten gut aufnimmt, andererseits aber nicht so groß ist, dass sie austrocknen.

Eine hochwertige backofenfeste Kasserolle mit hitzebeständigen Griffen ist hier die beste Wahl, idealerweise eine gusseiserne. Man sollte diese Ausgabe nicht scheuen, da nur ein wirklich gutes Produkt gleichmäßig durchgegarte, aromatische Speisen garantiert.

Auch in Woks, Pfannen und Kaharis (der indischen und indonesischen Version des Wok) können Sie köstliche Gerichte zaubern, ohne weiteres Kochgeschirr zu benötigen, insbesondere pfannengerührte Speisen. Für Gerichte mit großen Fleischstücken, wie Braten oder ganzen Hühnern, benötigen Sie einen soliden Schmortopf. Falls Sie zu einem leicht zu säubernden beschichteten Topf greifen, achten Sie darauf, dass er hoch genug ist, um ein Überkochen des Schmorsuds zu verhindern.

Berücksichtigen Sie beim Kauf, was und wo sie hauptsächlich kochen werden. Für pfannengerührte Speisen, die Sie auf einer Elektroplatte zubereiten, benötigen Sie einen Wok oder eine große Pfanne mit flachem soliden Sandwichboden, der die Hitze optimal verteilt.

Das meiste andere notwendige Küchenzubehör besitzen Sie vermutlich schon. Einiges werden Sie sich jedoch noch zulegen wollen, etwa einen Zestenschneider. Mit diesem kleinen Spezialgerät lässt sich die Schale von Zitrusfrüchten in dünnen Streifen (Zesten) abschälen, was ein umständliches Abreiben erübrigt. Solide Küchenbretter, aus Holz oder Plastik, möglichst rutschfest, sollten ebenfalls vorhanden sein. Legen Sie sich unbedingt ein separates Brett für die Vorbereitung von rohem Fleisch zu.

Zum Reinigen Ihrer Kochutensilien reicht heiße Seifenlauge vollständig aus. Von antibakteriellen Reinigern sollten Sie Abstand nehmen, da verschiedene Bakterienarten bei übertriebener Verwendung solcher Reiniger gegen die meisten Desinfektionsmittel – und damit auch gegen viele Medikamente – resistent werden können. Stark verkrustete Töpfe und Pfannen weicht man vor dem Reinigen in heißem Wasser ein.

Eine funktionstüchtige Küchenwaage und ein Messbecher mit einer gut lesbaren, möglichst feinen Skala sind für manche Rezepte unabdingbar.

Zum Grundzubehör zählen auch ein Schaumlöffel zum Abschöpfen von Brühen und zum Abtropfen von Fleischstücken sowie Pfannenwender aus Holz oder Plastik (für beschichtete Töpfe) und aus Edelstahl (für gusseisernes Geschirr). Wollen Sie Ihre Gewürze des besseren Aromas wegen selbst mahlen, empfiehlt sich überdies die Anschaffung eines Mörsers.

Wichtig für Ihre Sicherheit sind hochwertige Küchenmesser. Auch ein Wetzstein sollte vorhanden sein, denn stumpfe Messer sind gefährlich. Zum Zerteilen größerer Fleischstücke empfiehlt sich ein Tranchiermesser. Ein großes Kochmesser mit langer, starker Klinge ist vielseitig verwendbar, etwa zum Schneiden, Putzen, Wiegen usw. Ein leichteres Schäl- oder Gemüsemesser ist für die Verarbeitung kleinerer Zutaten hilfreich.

Wer wenig Zeit hat, sollte über die Anschaffung einer Küchenmaschine nachdenken. Viele gut sortierte Supermärkte bieten mittlerweile zwar auch vorgeputztes Gemüse an, und Konserven sind für einige Köche immer noch eine Zeit sparende Alternative, doch beides schmeckt oft fader und ist weniger nährstoffreich als frische Ware. Lediglich Tomaten und Hülsenfrüchte sind in einigen Fällen als Konserven akzeptabel.

Vorräte

Obwohl kaum etwas besser schmeckt und nahrhafter ist als frisches Gemüse, gelingt es nicht immer, alles Erforderliche für ein spontanes Essen im Haus zu haben. Bestücken Sie darum Ihren Vorratsschrank reichhaltig und überlegt. Konserven und vorgeputztes Gemüse sparen Zeit und sind selten teurer als frische Ware. Und zur Not improvisieren Sie. Ersetzen Sie beispielsweise Kidney-Bohnen durch Kichererbsen, oder kreieren Sie mit den Zutaten, die Sie gerade zur Hand haben, ganz neue Gerichte. Die wichtigsten Grundnahrungsmittel wie Nudeln, Reis oder Tomaten aus der Dose sind in den meisten Haushalten vorhanden, doch ergänzen Sie diese Vorräte auch einmal durch etwas unkonventionelle und exotische Nahrungsmittel aus der Dose, die Sie mal ausprobieren sollten.

Hülsenfrüchte

Hülsenfrüchte aus der Dose haben gegenüber getrockneten den Vorteil, dass sie vor der Verwendung nicht eingeweicht werden müssen; zudem garen sie schneller.

Kichererbsen verleihen einem Ein- oder Schmortopf ein leicht nussiges Aroma, wenn sie gegen Ende der Garzeit zugefügt werden, ein kräftigeres, wenn man sie zu Beginn beimengt. Auch als Teil einer Füllung machen sie sich gut. Wichtig ist, dass Sie eingelegte Kichererbsen nicht zu oft umrühren, da sie leicht zusammenfallen – es sei denn, Sie wollen sie anschließend pürieren. Die Zubereitung getrockneter Kichererbsen ist sehr zeitaufwändig, ohne dass dies durch einen nennenswerten Geschmacksunterschied belohnt würde.

Rote Kidney-Bohnen sind vor allem als wichtige Zutat des mexikanischen Klassikers *Chili con carne* bekannt (Seite 56). Sie können aber auch jedem anderen Ein-

oder Schmortopf beigefügt werden. Gießen und spülen Sie sie vor der Verwendung gründlich ab.

Die kleinen gelben Wachs- oder Gemüsebohnen verfeinern Eintöpfe und Salate, die weißen italienischen Cannellini-Bohnen besitzen ein feines Butteraroma; püriert können sie als Bindemittel und farblicher Aufheller für Suppen verwendet werden. Die sehr milden blassgrünen Flageolet-Bohnen gehen in stark gewürzten Gerichten leicht unter. Sie sind jedoch bei Kindern sehr beliebt und passen zudem gut zu Salaten und zu leicht gewürzten Fleischgerichten.

Fisch

Thunfisch, Lachs oder Sardellenfilets aus der Dose sind wertvolle Vorratszutaten. Verwenden Sie sie entweder als Grundlage für Ihr Gericht, oder verfeinern Sie damit ein Gemüserezept geschmacklich und farblich. Thunfisch aus der Dose können Sie mit Reis, Nudeln, Salaten und Kartoffeln kombinieren. Eingelegte Sardellenfilets muss man sparsam verwenden, da sie sehr salzig sind. Die sehr fetthaltigen Ölsardinen können gut direkt aus der Dose mit einem knackigen Salat als Beilage serviert werden.

Würzmittel und Saucen

Viele Würzmittel, die Sie zum Kochen verwenden, können Sie auch bei Tisch reichen oder vor dem Servieren über die Speisen träufeln. Sojasauce wird aus fermentiertem Sojabohnenextrakt gewonnen. Helle Sojasauce ist salziger und flüssiger als dunkle. Diese besitzt ein kräftigeres, süßliches Aroma und ist relativ dickflüssig. Beide Saucen können für exotische Gemüse-, Reis- und Nudelgerichte verwendet werden. Wegen des hohen Salzgehalts der Saucen sollte man auf zusätzliches Salzen verzichten.

Tabasco kommt aus Louisiana. Er verleiht Suppen und Eintöpfen bei sparsamer Verwendung eine moderate Schärfe. In größeren Mengen „verschärft" man damit pikante Chillies. Tomatenketchup und Worcestersauce eignen sich gut zum Würzen von Fleischgerichten, während man Chutneys – eine Art süß-säuerliche Gewürzmarmelade – als Dip oder Sandwichsauce, aber auch als Würze für Suppen und Schmortöpfe oder als würzigen Teil einer Füllung verwenden kann.

Nudeln

Wie unsere europäischen Eier- oder Hartweizengrießnudeln sind auch asiatische Nudeln schnell und leicht gekocht und lange haltbar. Verwenden Sie sie in Suppen oder Pfannengerichten, und verfeinern Sie sie mit Sesamöl und Sojasauce. Asiatische Eiernudeln werden bei uns nur getrocknet angeboten, meist zu Nestern zusammengepresst. Sie sind ebenso leicht zuzubereiten wie die aus Reismehl hergestellten Reisnudeln. Glasnudeln – aus gemahlenen Mungbohnen – müssen vor der Verwendung nur eingeweicht, nicht aber gekocht werden.

Nüsse

Die meisten Nüsse lassen sich, in einem verschließbaren Behälter luftdicht verpackt, lange lagern. Nur Pinienkerne sollte man rasch verarbeiten, da sie schnell ranzig werden. Verfeinern Sie mit ihnen Eintöpfe, Schmorgerichte und Füllungen, oder garnieren Sie mit ihnen Salate und Eisbecher. Leicht angeröstet schmecken sie noch intensiver. Erdnüsse sind die Hauptzutat in den meisten Satay-Saucen, und auch sie können zur Garnierung verwendet werden. Als Knabbervorrat für Überraschungsgäste sind sie ohnehin immer willkommen. Bedenken Sie jedoch, dass Nussallergien weit verbreitet sind.

Öle

Von den vielen Ölsorten ist das geschmacksneutrale Sonnenblumenöl das vielseitigste und kann gut mit süßen wie herzhaften Speisen kombiniert werden.

Olivenöl ist je nach Sorte und Marke recht teuer. Für den täglichen Gebrauch sollten Sie eine preiswerte Variante zur Hand haben – ein natives Olivenöl. Die hochwertigste Sorte ist *natives Olivenöl extra*. Verwenden Sie es für Dressings oder in Gerichten, bei denen der Geschmack des Öls eine entscheidende Rolle spielt.

In der asiatischen Küche schätzt man besonders das sehr geschmacksintensive Sesamöl. Schon wenige Tropfen verleihen exotischen Speisen ein charakteristisches Aroma. Es darf allerdings nur mäßig erhitzt werden, da es leicht verbrennt. Darum mengt man es meist erst nach dem Garen unter die Speisen.

Aromatisierte Öle, wie Käuter- oder Knoblauchöl, können Sie leicht selbst herstellen. Geben Sie dazu einige Knoblauchzehen und/oder eine Hand voll frisch gehackter Kräuter in eine Flasche mit hochwertigem Öl und lassen Sie die Mischung mindestens eine Woche ziehen.

Oliven und Kapern

Oliven, ein beliebter Snack, bereichern manche Gerichte, sei es als Garnierung oder als Hauptbestandteil. Probieren Sie die verschiedenen Sorten, da jede einen anderen Geschmack aufweist. Schwarze und grüne passen gut zu Thunfisch oder Lachs aus der Dose. Kapern eignen sich zum Garnieren und Aromatisieren, zu viele können aber ein Gericht geschmacklich beherrschen.

Reis

Neben dem bekannten weißen Lang- und Rundkornreis (bei uns oft als Milchreis angeboten) finden Sie im Handel auch Wildreis, Risotto-Reis und braunen oder Naturreis. In der Regel können Sie jede beliebige Sorte verwenden, aber für Risottos sollten Sie schon zu Arborio-, Carnaloni- oder Vialone-Nano-Reis greifen. Diese Rundkornsorten absorbieren große Mengen Flüssigkeit und garantieren, richtig zubereitet, einen wunderbar cremigen und dennoch bissfesten Risotto.

Wildreis – eigentlich ein exotisches Wassergras – und manche asiatische Klebreissorten sind sehr dunkel und werden oft auch nur ihrer Farbe wegen verarbeitet. Roter Reis, etwa die Sorte *Wahani* (aus Kalifornien) oder die Sorte *Camargue* (aus Frankreich), besitzt ein angenehmes Aroma und verleiht selbst schlichten Gerichten ein besonderes Erscheinungsbild. Brauner Reis saugt übrigens nicht so viel Flüssigkeit auf wie weißer – bereiten Sie ihn also in größeren Mengen zu.

Tomaten

Geschälte Eiertomaten aus der Dose sind eine schmackhafte Grundlage für zahlreiche Ein- und Schmortöpfe. Aber auch viele Suppen und Saucen profitieren davon.

In Öl eingelegte sonnengetrocknete Tomaten werden meist im Glas angeboten; sie verfeinern Saucen und Nudelgerichte. Schmor- und Eintöpfe erhalten durch sie einen kräftigen Geschmack, Füllungen bereichern sie zudem auch farblich. Und das Öl, in dem sie eingelegt sind, kann man gut für Dressings oder zum Kochen benutzen – speziell von Hühnerfleisch.

Schon geringe Mengen des hoch konzentrierten Tomatenmarks genügen, um den Geschmack und die Farbe von Speisen zu intensivieren. Kaufen Sie nur kleine Dosen, wenn Sie wenig und selten damit kochen.

Passierte Tomaten, auch *Passata* genannt, werden aus pürierten Tomaten hergestellt und sind dank ihrer sämigen Konsistenz eine gute Alternative zu Tomaten aus der Dose. Für viele Schmortöpfe, Eintöpfe, Suppen und Saucen bilden sie eine ideale und wohl schmeckende Grundlage.

Essig

Es lohnt sich, verschiedene Essigsorten auszuprobieren, denn alle besitzen einen individuellen Geschmack. Sie sollten jedoch stets gut verschlossen werden, damit dieser Geschmack auch lange erhalten bleibt. Auf die gleiche Weise wie aromatisierte Öle können Sie auch Essige mit Ihren Lieblingskräutern selbst ansetzen.

Weißweinessig ist universell einsetzbar, ob für Marinaden, Saucen oder Dressings. Etwas exquisiter ist der dunkle Balsamico-Essig aus Norditalien. Besonders edle Sorten reifen bis zu 20 Jahre, bevor sie in den Handel kommen. Für den täglichen Gebrauch sollten Sie jedoch eine jüngere und preiswertere Variante wählen. Apfelessig schmeckt sehr erfrischend, besonders an Sommersalaten. Er besitzt jedoch viel Säure, daher sollte er nur sparsam verwendet werden.

Beilagen

Einige der leichteren Ein-Topf-Gerichte kann man gut mit einem Nudel- oder Reissalat servieren. Zu deftigeren Speisen empfiehlt sich ein einfacher Blattsalat. Entscheidend ist die Wahl des Dressings, da es das gesamte Gericht beeinflussen kann. Geschmacksintensive Dressings passen gut zu dunklen, kräftigen Fleischgerichten, leichtere Dressings, wie Vinaigrettes, sind eine ideale Ergänzung zu Hühnerfleischspeisen oder Risottos.

Geben Sie auch ruhig einmal eher unkonventionelle Zutaten an einen Salat wie Früchte, Nüsse, Croûtons oder kross gebratene Speckwürfel. Orangenfilets verleihen einem Salat nicht nur Frische, sondern auch Farbe. Ein Obstsalat passt sehr gut zu Fleisch, insbesondere zu Ente oder Schweinefleisch. Pinienkerne sind eine schmackhafte Salatbeigabe – besonders wenn sie zuvor geröstet wurden –, da sie den Grundgeschmack des Salats unterstützen, aber nicht überdecken. Croûtons kann man mit Knoblauch oder Kräutern verfeinern und gut in Salaten zu stark gewürzten Speisen reichen. Sie sollten erst kurz vor dem Servieren beigemengt werden, da sie im Dressing rasch aufweichen. Croûtons lassen sich aus altbackenem Brot und etwas Knoblauch- oder Kräuteröl leicht selbst herstellen – sie werden einfach in der Pfanne gebraten.

Viele ungewöhnliche und exotische Blattsalat-Sorten sind heute ganzjährig erhältlich. Probieren Sie also Rucola, Radicchio, Lollo rosso, Lollo bianco oder Pak Choi, und reichen Sie sie pur oder gemischt mit konventionellen Sorten wie Endivien-, Eisberg- oder Kopfsalat. Auch junger frischer Spinat lässt sich gut als Salat anrichten. Andere Zutaten, wie Tomaten, Radieschen oder Rote Bete, bringen Farbe in ihren Salat, während Frühlingszwiebeln und Sardellen für einen kräftigen Geschmack sorgen. Auch Thunfisch, Kapern und frisch geriebener Parmesan machen Ihren Salat gehaltvoller.

Frische Kräuter sind eine sehr reizvolle Salatbeigabe. Geben Sie z. B. Dill an Kartoffelsalate oder an Salate, die Sie zu Fischgerichten reichen. Oft braucht man für einen schmackhaften Salat aber nicht mehr als etwas Essig und Öl sowie eine Hand voll frischer Kräuter – Schnittlauch ist hier der zeitlose Favorit.

Nudel-, Reis- und Kartoffelsalate sind meist recht gehaltvoll und stellen eigentlich ein eigenes Gericht dar, für dessen Zubereitung Sie ebenfalls nur einen einzigen

Topf benötigen. Sie können prinzipiell jede Zutat beimengen, die Ihr Kühl- und Vorratsschrank bietet: frische Paprika, Gurken, Bohnensprossen und Karotten, hart gekochte Eier, Nüsse, Samen und Saaten, Käse, Wurst oder auch Fisch. Sehr köstlich und üppig sind auch Salate aus Hülsenfrüchten. Ein gemischter Bohnensalat etwa ist mit Kidney-, Wachs-, und Cannellini-Bohnen schnell und einfach zusammengestellt.

Die meisten Dressings sind im Nu zubereitet und können gut im Kühlschrank gelagert werden. Ihr Geschmack übertrifft den von Fertigprodukten allemal, zudem sind sie frei von Geschmacksverstärkern, Farb- und Konservierungsstoffen. Schon eine Hand voll frisch gehackte Kräuter oder zerkrümelter Edelpilzkäse beleben jedes Dressing, egal ob es auf der Basis von Joghurt, Mayonnaise oder Essig und Öl bereitet ist. Auch sonnengetrocknete Tomaten oder Knoblauch machen ein schlichtes Dressing zu einem Geschmackserlebnis.

Neben Salaten ist auch Brot eine ideale Beilage zu Ein-Topf-Gerichten, zumal man mit ihm die köstlichen Brat- und Schmorsaucen bis zum letzten Rest auftunken kann. Die meisten Brote lassen sich gut einfrieren und sind dann bis zu 3 Monate haltbar. Das Auftauen erfolgt idealerweise bei Zimmertemperatur und beträgt, je nach Größe des Brots, etwa 24 Stunden.

Die meisten Bäcker bieten eine breite Palette nationaler, internationaler und eigener Sorten an. Finden Sie heraus, welche Ihnen am besten schmecken und welche Sorte mit welchen Gerichten harmoniert. Immer richtig liegen Sie mit den Klassikern: Französisches Baguette ist preiswert, schmackhaft und passt praktisch zu jeder Mahlzeit. Servieren Sie es nach Möglichkeit warm, eventuell mit etwas Butter und einem kleinen Salat. Ciabatta und Focaccia, zwei italienische Brote, zählen zu den noch eher unbekannten Sorten. Oft werden sie mit Kräutern, Tomaten oder Oliven verfeinert, daher passen sie ausgezeichnet zu kräftig gewürzten, mediterranen Gerichten, aber auch als knusprige Beilage zu Suppen.

Wer mag, kann mit einer Stange frischem Baguette auch sein eigenes Knoblauchbrot herstellen. Bereiten Sie aus weicher Butter, etwas Knoblauch, Kräutern, Salz und Pfeffer eine Knoblauchbutter zu, schneiden Sie das Brot einige Male schräg und tief ein (aber nicht durch), und verteilen Sie dann die Butter zwischen den Einkerbungen. Anschließend müssen Sie das Brot nur noch kurz im Backofen aufwärmen, damit die Butter einzieht.

Tipps und Tricks

Schlichte Eintöpfe oder Suppen kann man mit etwas Käse oder einem Stück altbackenem Brot (dieses ist besser als frisches, weil es sich nicht so schnell vollsaugt) interessanter machen. Schneiden Sie das Brot in dicke Scheiben, und bestreichen Sie diese mit etwas Butter oder Olivenöl. Legen sie dann je eine Scheibe Ihres Lieblingsschnittkäses – beispielsweise Gouda, Edamer oder Gruyère – auf das Brot, und setzen Sie es gegen Ende der Gar- oder Aufwärmzeit oben auf den Eintopf oder die Suppe, bis das Brot von unten etwas Flüssigkeit aufgesaugt hat und der Käse geschmolzen ist. Bei Suppe können Sie das belegte Brot auch auf den Boden der Suppenschale legen und kurz vor dem Servieren mit der heißen Flüssigkeit übergießen. Schieben Sie nach Geschmack noch eine Tomatenscheibe zwischen Brot und Käse. Öl lässt sich am besten mit einem Ölzerstäuber auftragen, der mittlerweile in fast jedem Haushaltswarengeschäft erhältlich ist.

Suppen lassen sich auch gut mit etwas Pesto oder einer anderen Würzpaste verfeinern. Das gilt allerdings nur für Suppen mit einem ursprünglich kräftigen Aroma, wie Tomaten-, Linsen- oder Rindfleischsuppen. Leichte Brühen würden dadurch überwürzt.

Dunkle Suppen, wie etwa Tomatensuppe, lassen sich sehr appetitlich mit Sahne oder Crème fraîche garnieren. Geben Sie einen Löffel davon auf die Mitte der Suppe und ziehen Sie einen dünnen Holzspieß oder einen Zahnstocher so hindurch, dass ein dekorativer Wirbel entsteht.

Crème fraîche kann man ebenso wie saure Sahne auch kurz vor dem Ende der Gar- oder Aufwärmzeit unter eine Suppe rühren, um ihr eine cremigere Konsistenz und ein leicht säuerliches Aroma zu verleihen.

Süßspeisen

Die meisten süßen Gerichte aus einem Topf können ohne Beilage, entweder als Dessert oder als kleine Hauptmahlzeit, gereicht werden. Wenn Sie jedoch eine große oder sehr hungrige Familie zu versorgen haben, können Sie Ihre Süßspeise problemlos etwas strecken, am simpelsten mit Früchten aus der Dose: Krönen Sie etwa ein Dessert oder eine Süßspeise mit einer Ananasscheibe. Mandarinen, Grapefruits oder Litschis dagegen passen gut zu Eisdesserts.

Zu vielen Desserts können Sie auch einfach etwas Naturjoghurt und eine Schale mit Zucker, Honig oder Sirup reichen. Probieren Sie einmal verschiedene Honigsorten aus. Der farbintensive Honig aus Orangenblüten etwa schmeckt köstlich. Und natürlich können Sie einer Süßspeise etwas Fruchtjoghurt beimengen oder diesen separat als Beilage reichen.

Schlagsahne ist ein Klassiker unter den Beilagen für Süßspeisen und passt, neben Kuchen, besonders gut zu Beerenfrüchten und anderem Obst. Wer es ganz eilig hat, kann auch zu Sprühsahne greifen, allerdings ist sie mit frisch geschlagener Sahne nicht zu vergleichen. Wer sich etwas ganz Besonderes leisten möchte, verwendet anstelle von Schlagsahne Crème double, die durch ihren höheren Fettgehalt noch weitaus cremiger und weicher ist als Schlagsahne. Mancher schätzt auch die leicht säuerliche Crème fraîche als Beilage zu Süßspeisen, sie ist jedoch nicht schlagfähig.

Wer es ganz besonders süß mag, greift am besten zu einem Sirup, und sei es der Sirup von eingelegten Früchten, die man zur Zubereitung einer Süßspeise gerade benötigt. Auch mit Marmeladen und Konfitüren kann man Süßspeisen gut strecken. Solche mit Aprikosengeschmack passen bestens zu süßen Blätterteigpasteten, während Johannis- oder Heidelbeerkonfitüre ideal mit Backwaren wie Muffins und Milchbrötchen harmoniert. Darüber hinaus gibt es fertige Dessertsaucen in vielen Geschmacksrichtungen. Sie sind meist extrem süß, aber auch äußerst lange haltbar.

Schokolade kann man gerieben als Dekoration, etwa für Eisbecher, Sahnecremes oder frische Früchte, verwenden oder geschmolzen als köstliche Sauce reichen. Wer eine warme Süßspeise zubereitet, kann die Schokolade direkt darüber reiben und schmelzen lassen und sich so den Aufwand sparen, sie gesondert über einem heißen Wasserbad zu schmelzen.

Eiscreme und Götterspeise munden nicht nur Kindern, sondern auch vielen Erwachsenen ausgezeichnet, insbesondere wenn sie mit etwas Alkohol und frischen Früchten verfeinert sind. Einen klassischen Wackelpeter für Kinder machen Sie noch interessanter, wenn Sie ihn auf ein Bett aus kleinen Leckereien, wie Smarties oder Schokonüssen, setzen. Bedenken Sie aber, das ein solches Dessert für Kinder unter drei Jahren nicht geeignet ist.

Grundrezepte

Mayonnaise
Ergibt: etwa 200 ml
Vorbereitungszeit: 15 Min.

1 Ei, verquirlt
3 Knoblauchzehen (nach Belieben)
150 ml Öl
½ TL Apfelessig
1 Prise Paprikapulver
Salz und Pfeffer

1 Das Ei in den Mixer geben. Den Knoblauch, falls verwendet, zufügen und 30 Sekunden mixen.

2 Nach und nach das Öl zugießen und gut untermixen, bis eine dickflüssige, blassgelbe Creme entstanden ist.

3 In eine Schüssel füllen. Den Essig langsam unterrühren und die Mayonnaise mit den Gewürzen abschmecken.

Gemüsebrühe
Ergibt: etwa 2 l
Vorbereitungszeit: 10 Min.
Garzeit: 35 Min.

2 EL Sonnenblumen- oder Maiskeimöl
115 g Zwiebeln, fein gehackt
115 g Porree, fein gehackt
115 g Karotten, fein gehackt
4 Selleriestangen, fein gehackt
85 g Fenchel, fein gehackt
85 g Tomaten, fein gehackt
2,25 l Wasser
1 Bouquet garni

1 Das Öl in einem Topf erhitzen. Zwiebel und Porree darin bei geringer Hitze 5 Minuten weich dünsten.

2 Das restliche Gemüse zufügen und 10 Minuten dünsten. Dann Wasser und Bouquet garni in den Topf geben. Aufkochen und 20 Minuten köcheln lassen.

3 Die fertige Brühe abseihen und abkühlen lassen. Bald verzehren oder portionsweise einfrieren und bis zu 3 Monate im Gefrierfach aufbewahren.

Fischfond
Ergibt: etwa 1,3 l
Vorbereitungszeit: 10 Min.
Garzeit: 30 Min.

650 g gemischte Küchenabfälle von weißen Fischen, abgespült
1 Zwiebel, in Ringen
2 Selleriestangen, gehackt
1 Karotte, in Scheiben
1 Lorbeerblatt
4 frische Petersilienzweige
4 schwarze Pfefferkörner
½ Zitrone, in Scheiben
1,3 l Wasser
125 ml trockener Weißwein

1 Alle Zutaten in einen großen Topf geben und aufkochen. Den Schaum abschöpfen.

2 Die Hitze reduzieren, den Topf halb abdecken und den Inhalt 25 Minuten leicht köcheln lassen.

3 Die fertige Brühe abseihen, ohne die Zutaten auszupressen. Die Brühe abkühlen lassen, im Kühlschrank lagern und bald verzehren oder portionsweise einfrieren und bis zu 3 Monate im Gefrierfach aufbewahren.

Hühnerbrühe
Ergibt: etwa 2,5 l
Vorbereitungszeit: 10 Min.
Garzeit: 3 Std. 30 Min.

1,3 kg Hühnerflügel und -hälse
2 Zwiebeln, in Spalten
4 l Wasser
2 Karotten, grob gehackt
2 Selleriestangen, grob gehackt
10 frische Petersilienzweige
4 frische Thymianzweige
2 Lorbeerblätter
10 schwarze Pfefferkörner

1 Die Hühnerteile und die Zwiebeln in einen großen Suppentopf geben und bei geringer Hitze unter Rühren leicht anbräunen.

2 Das Wasser einrühren; dabei Bratrückstände am Topfboden lösen. Aufkochen und den entstehenden Schaum abschöpfen. Die restlichen Zutaten zugeben, den Topf halb abdecken und etwa 3 Stunden leicht köcheln lassen.

3 Die Brühe abseihen, abkühlen lassen und in den Kühlschrank stellen. Die Fettschicht von der Oberfläche abschöpfen. Die fertige Brühe rasch verzehren oder portionsweise einfrieren und bis zu 6 Monate lagern.

Rindfleischbrühe
Ergibt: etwa 1,7 l
Vorbereitungszeit: 10 Min.
Garzeit: 4 Std. 30 Min.

1 kg Markknochen vom Rind, in 7,5 cm langen Stücken
650 g Rinderschmorbraten am Stück
2,8 l Wasser
2 Zwiebeln, halbiert
4 Gewürznelken
2 Selleriestangen, grob gehackt
8 Pfefferkörner
1 Bouquet garni

1 Die Knochen in einem großen Suppentopf verteilen, darauf den Braten legen. Dann Wasser zugießen und aufkochen. Den Schaum abschöpfen.

2 Jede Zwiebelhälfte mit einer Nelke spicken und mit Sellerie, Pfefferkörnern und Bouquet garni in den Topf geben. Halb abdecken und etwa 3 Stunden leicht köcheln lassen. Dann das Fleisch entfernen und 1 Stunde köcheln lassen.

3 Die Brühe abseihen und abkühlen lassen. Die Fettschicht von der Oberfläche abschöpfen. Rasch verzehren oder portionsweise einfrieren und innerhalb von 6 Monaten aufbrauchen.

Suppen

Ob herzhaft und aromatisch oder leicht und cremig – Suppen regen den Appetit an und sind darum ideale Vorspeisen. Viele der hier vorgestellten Suppen sind aber so gehaltvoll, dass man sie mit ein paar Scheiben knusprigem Brot durchaus auch als leichte Mittags- oder Abendmahlzeit reichen kann.

Wer auf beste Qualität und ein intensives Aroma Wert legt, sollte Suppen mit selbst gemachten Brühen zubereiten (Seite 13). Hühnerbrühe ist dabei ideal: Man kann sie sogar als Basis für Fischsuppen verwenden. Falls Sie aus Zeitgründen einmal zu Brühwürfeln greifen müssen, benutzen Sie solche mit geringem Salzgehalt, und würzen Sie die jeweilige Suppe dann äußerst behutsam nach.

Machart und Zutaten der folgenden Suppen sind ausgesprochen vielfältig: So wird der schottische Klassiker Cock-a-Leekie *(Seite 23) mit einem ganzen Suppenhuhn zubereitet, das die Brühe aromatisiert und gleichzeitig das Fleisch für den Hauptgang stellt. Die vielen frischen Gemüsesorten wiederum geben der italienischen* Minestrone *(Seite 33) das besondere Aroma. Daneben finden Sie hier pikante asiatische Suppen, herzhafte Suppen aus Frankreich sowie köstliche Fischsuppen aus Amerika und dem Mittelmeerraum, darunter Altbewährtes ebenso wie neue Kreationen. Gemeinsam ist ihnen allen, dass sie leicht und schnell zuzubereiten sind.*

Kohlsuppe mit Wurst

Garzeit: 1 Std. 15 Min. **Vorbereitung: 15 Min.** **Für 6 Personen**

NÄHRWERTANGABEN	
Kilokalorien	246
Eiweiß	15 g
Kohlenhydrate	21 g
Zucker	13 g
Fett	12 g
davon gesättigt	4 g

Variation

Verwenden Sie anstelle der Hühnerbrühe jede beliebige andere Fleischbrühe, z. B. Rindfleischbrühe (siehe Seite 13).

Verwenden Sie für diese Suppe kräftig gewürzte oder geräucherte Würste. Knuspriges Brot und ein grüner Salat sind eine ideale Beilage.

ZUTATEN

- **350 g magere, kräftig gewürzte Würstchen**
- **2 TL Öl**
- **1 Zwiebel, fein gehackt**
- **1 Porreestange, längs halbiert und in Ringen**
- **2 Karotten, halbiert und in dünnen Scheiben**
- **400 g gehackte Tomaten aus der Dose**
- **350 g junger Weißkohl, ohne Strunk, grob gehobelt**
- **1–2 Knoblauchzehen, fein gehackt**
- **1 Prise getrockneter Thymian**
- **1,5 l Hühnerbrühe (siehe Seite 13)**
- **Salz und Pfeffer**
- **frisch geriebener Parmesan, zum Servieren**

1

2

3

Tipp

Statt der selbst gekochten Brühe können Sie auch ein Instantprodukt verwenden. Dann etwas mehr Zwiebel und Knoblauch zugeben und ein Kräutersträußchen mitkochen (vor dem Servieren entfernen).

1 Die Würste mit reichlich Wasser kurz aufkochen, dann die Hitze reduzieren und die Würste gar ziehen lassen. Abgießen und etwas abkühlen lassen. Bei Bedarf die Haut abziehen, die Würste in Scheiben schneiden.

2 Das Öl bei mittlerer Hitze in einem großen Topf erwärmen. Zwiebel, Porree und Karotten zugeben und etwa 3–4 Minuten unter ständigem Rühren dünsten, bis die Zwiebel glasig wird.

3 Tomaten, Kohl, Knoblauch, Thymian, Brühe und Wurstscheiben zugeben. Die Hitze reduzieren und das Ganze mit halb geschlossenem Deckel 40 Minuten köcheln lassen, bis das Gemüse weich ist. Dabei gelegentlich umrühren.

4 Die Suppe abschmecken und bei Bedarf nachwürzen. Auf vorgewärmte Teller füllen und mit geriebenem Parmesan servieren.

Großmutters Wintersuppe

Für 6 Personen **Vorbereitung: 15 Min.** **Garzeit: 2 Std. 30 Min.**

Ein nahrhafter und deftiger Genuss – diese Suppe bietet Ihnen alles, was Sie an einem kalten Wintertag benötigen.

ZUTATEN

225 g gepökelter Schweinebauch, gewürfelt
2,5 l Wasser, plus etwas mehr zum Vorkochen des Schweinefleischs
500 g getrocknete Erbsen, 2 Stunden in reichlich kaltem Wasser eingeweicht
4 Zwiebeln, grob gewürfelt
2 Porreestangen, in breiten Ringen
4 Karotten, grob gewürfelt
4 Selleriestangen, in breiten Scheiben
1 Kochapfel, geschält, entkernt und grob gewürfelt
1 EL Rohzucker
1 Bouquet garni
6 Frankfurter Würstchen, in 2,5 cm langen Stücken
25 g Butter
Salz und Pfeffer
Selleriegrün, zum Garnieren

NÄHRWERTANGABEN	
Kilokalorien	614
Eiweiß	32 g
Kohlenhydrate	69 g
Zucker	17 g
Fett	25 g
davon gesättigt	5 g

Variation

Anstelle der Karotten und des Selleries können Sie nach Belieben auch andere Gemüsesorten verwenden, etwa Paprika und Pastinaken.

Tipp

Die Suppe schmeckt sowohl mit grünen wie mit gelben Erbsen sehr gut. Die Kochzeit hängt vom Frischegrad der Erbsen ab – je frischer, desto rascher garen sie.

1 Die Fleischwürfel in einen großen Topf geben und mit kaltem Wasser bedecken. Bei geringer Hitze zum Kochen bringen, dann abgießen. Das Fleisch gut abtropfen lassen, in den Topf zurückgeben und 2,5 l Wasser zugießen.

2 Die Erbsen abgießen und abspülen. Dann mit Zwiebeln, Porree, Karotten, Sellerie, Apfel, Zucker und Bouquet garni zum Schweinefleisch geben. Aufkochen, dabei den Schaum, der an die Oberfläche steigt, abschöpfen. Nun die Hitze reduzieren, den Topf abdecken und die Suppe unter gelegentlichem Rühren 2 Stunden köcheln lassen.

3 Das Bouquet garni aus dem Topf nehmen und wegwerfen. Dann Würstchen und Butter untermengen. Die fertige Suppe mit Salz und Pfeffer abschmecken und erneut gut erhitzen. Auf vorgewärmte Suppenteller oder -schalen verteilen, mit Selleriegrün garnieren und servieren.

Linsensuppe mit Speck

Garzeit: 1 Std. 15 Min. **Vorbereitung: 15 Min.** **Für 4 Personen**

NÄHRWERTANGABEN	
Kilokalorien	612
Eiweiß	23 g
Kohlenhydrate	26 g
Zucker	7 g
Fett	47 g
davon gesättigt	18 g

Variation

Statt der Karotten und der weißen Rübe können Sie auch anderes Wurzelgemüse verwenden, etwa Pastinaken oder Kohlrüben.

Linsen und Speck sind nicht nur geschmacklich, sondern auch im Hinblick auf Farbe und Biss eine ideale Kombination. Hier werden sie mit nahrhaftem Wintergemüse verfeinert.

ZUTATEN

- **450 g dicke Scheiben Räucherspeck ohne Schwarte, gewürfelt**
- **1 Zwiebel, gehackt**
- **2 Karotten, in Scheiben**
- **2 Selleriestangen, gewürfelt**
- **1 weiße Rübe, gewürfelt**
- **1 große Kartoffel, gewürfelt**
- **85 g Puy-Linsen**
- **1 Bouquet garni**
- **1 l Wasser oder Hühnerbrühe (siehe Seite 13)**
- **Salz und Pfeffer**

1

2

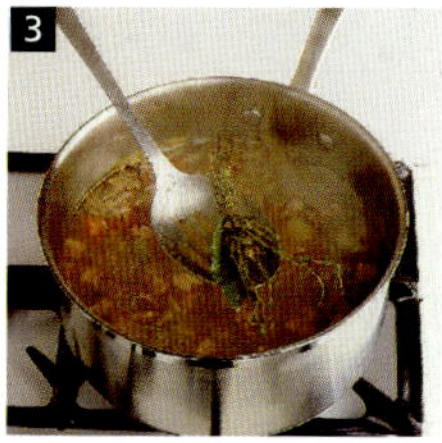

3

Tipp

Fügen Sie der Suppe kein Salz hinzu, solange die Linsen noch nicht gar sind. Ansonsten werden sie nicht richtig weich, und die sämige Konsistenz der Suppe geht verloren.

1 Einen großen Suppen- oder Schmortopf erhitzen. Den Speck zugeben und bei mittlerer Hitze etwa 4–5 Minuten unter Rühren anbraten, bis das Fett austritt. Dann Zwiebel, Karotten, Sellerie, Rübe und Kartoffel zufügen und unter Rühren 5 Minuten andünsten.

2 Die Linsen und das Bouquet garni in den Topf geben. Wasser oder Brühe zugießen und zum Kochen bringen. Dann die Hitze reduzieren und die Suppe etwa 1 Stunde köcheln lassen, bis die Linsen gar sind.

3 Das Bouquet garni aus dem Topf nehmen und wegwerfen. Die Suppe mit Salz und Pfeffer abschmecken, auf vorgewärmte Schalen verteilen und sofort servieren.

Hühnersuppe

Für 4 Personen **Vorbereitung: 10 Min.** **Garzeit: 30 Min.**

Diese herzhafte, aromatische Landsuppe ist überaus delikat. Servieren Sie sie mit reichlich ofenfrischem, knusprigem Brot als Beilage.

ZUTATEN

25 g Butter
1 kleine Zwiebel, fein gehackt
1 Porreestange, in dünnen Ringen
4 Hähnchenschenkel, entbeint, gehäutet und gewürfelt
25 g Langkornreis
850 ml Hühnerbrühe (siehe Seite 13)
1 EL frisch gehackte Petersilie
Salz und Pfeffer
frische Petersilienzweige, zum Garnieren

NÄHRWERTANGABEN	
Kilokalorien	136
Eiweiß	10 g
Kohlenhydrate	7 g
Zucker	1 g
Fett	8 g
davon gesättigt	4 g

1 Die Butter in einem großen Topf erhitzen. Zwiebel und Porree zugeben und bei geringer Hitze unter gelegentlichem Rühren etwa 5 Minuten weich dünsten. Dann das Hühnerfleisch zugeben und bei mittlerer Hitze 2 Minuten schmoren.

2 Den Reis zufügen und unter gelegentlichem Rühren 1 Minute mitdünsten, bis alle Körner mit Butter überzogen sind. Die Brühe zugießen und alles zum Kochen bringen. Dann die Hitze reduzieren und die Suppe etwa 20 Minuten köcheln lassen, bis Fleisch und Reis gar sind.

3 Die Petersilie einrühren, und alles mit Salz und Pfeffer abschmecken. Die fertige Suppe auf vorgewärmte Suppenschalen verteilen, mit Petersilienzweigen garnieren und sofort servieren.

Tipp

In diese Suppe passen auch andere Gemüsesorten. Dünsten Sie etwa in Schritt 1 zusätzlich eine gewürfelte Karotte mit, oder geben Sie bei Schritt 2 einige frische Bohnen oder Erbsen in den Topf.

Cock-a-Leekie

Garzeit: 2 Std. 45 Min. **Vorbereitung: 15 Min.** **Für 6 Personen**

Hier haben Sie zwei Gerichte zum Preis von einem: Servieren Sie die Brühe als Vorspeise, Fleisch und Gemüse als Hauptgericht. Besonders deftig schmeckt jedoch beides zusammen als Eintopf.

NÄHRWERTANGABEN	
Kilokalorien	348
Eiweiß	21 g
Kohlenhydrate	29 g
Zucker	28 g
Fett	18 g
davon gesättigt	6 g

ZUTATEN

1 Suppenhuhn (etwa 1,3 kg)

2,25 l Rindfleischbrühe (siehe Seite 13)

900 g Porree

1 Bouquet garni

Salz und Pfeffer

450 g Backpflaumen, entsteint und über Nacht in kaltem Wasser eingeweicht

Tipp

Ein Bouquet garni lässt sich leicht selbst herstellen: Binden Sie einfach 3 frische Petersilienzweige, 2 frische Thymianzweige und 1 Lorbeerblatt mit einem Stück Küchengarn fest zusammen.

1 Das Huhn mit der Brust nach unten in einen großen Suppen- oder Schmortopf geben. Die Brühe zugießen und zum Kochen bringen. Eventuellen Schaum von der Oberfläche abschöpfen.

2 Die Hälfte des Porrees mit Küchengarn fest zusammenbinden, den Rest in dünne Ringe schneiden. Die zusammengebundenen Porreestangen mit dem Bouquet garni und 1 Prise Salz in den Topf geben. Dann die Hitze reduzieren, den Topf abdecken und die Suppe etwa 2 Stunden köcheln lassen, bis das Fleisch gar ist.

3 Die Porreestangen und das Bouquet garni aus dem Topf nehmen und wegwerfen. Die Pflaumen abgießen, zur Suppe geben und 20 Minuten mitkochen. Anschließend die Suppe mit Salz und Pfeffer würzen, die Porreeringe zufügen und alles weitere 10 Minuten köcheln lassen. Das Huhn herausnehmen und das Fleisch in Streifen zupfen oder in mundgerechte Stücke schneiden. Die fertige Brühe separat als Vorspeise oder zusammen mit Fleisch und Gemüse als deftiges Hauptgericht servieren.

Asiatische Rindfleischsuppe

Für 6 Personen **Vorbereitung: 20 Min.** **Garzeit: 25 Min.**

Diese farbenfrohe, leicht pikante Suppe stammt aus Südostasien. Dort wird sie meist mit gekochtem Reis serviert, doch sie ist so gehaltvoll, dass sie auch ohne Beilage satt macht.

NÄHRWERTANGABEN	
Kilokalorien	140
Eiweiß	12 g
Kohlenhydrate	8 g
Zucker	6 g
Fett	7 g
davon gesättigt	1 g

ZUTATEN

2 EL Erdnuss- oder Sonnenblumenöl
1 große Zwiebel, fein gehackt
115 g mageres Rinderhack
1 Knoblauchzehe, fein gehackt
2 frische rote Chillies, entkernt und fein gehackt
1 EL gemahlene Mandeln
1 Karotte, gerieben
1 TL Rohzucker
1-cm-Würfel Garnelenpaste (nach Belieben)
1 l Hühner- oder Rindfleischbrühe (siehe Seite 13)
Salz
115 g Krabben
225 g frischer Spinat, in Streifen, harte Stängel entfernt
175 g Babymaiskolben
1 Fleischtomate, gewürfelt
2 EL Limettensaft

Variation

Sie können auch 55 g getrocknete Krabben verwenden. 10 Minuten in heißem Wasser einweichen, dann in Schritt 2 zur Suppe geben.

Tipp

Garnelenpaste ist in asiatischen Lebensmittelgeschäften erhältlich. Umwickeln Sie einen Würfel mit Alufolie, und rösten Sie das Paket dann 5 Minuten unter Wenden bei geringer Hitze in einer Pfanne an.

1 Das Öl in einem großen Topf erhitzen. Die Zwiebel zufügen und bei geringer Hitze etwa 5 Minuten weich dünsten, dabei gelegentlich umrühren. Rinderhack und Knoblauch zufügen und unter Rühren anbraten, bis das Fleisch gebräunt ist.

2 Chillies, Mandeln, Karotte und Zucker einrühren. Dann nach Belieben die Garnelenpaste zugeben. Die Brühe zugießen und alles mit Salz abschmecken. Die Suppe bei geringer Hitze zum Kochen bringen, dann 10 Minuten köcheln lassen.

3 Krabben, Spinat, Babymais, Tomate und Limettensaft zugeben. Die Suppe weitere 2–3 Minuten köcheln lassen, bis sie durch und durch erhitzt ist. Die fertige Suppe auf vorgewärmte Teller verteilen und sofort servieren.

Schottischer Eintopf

Garzeit: 1 Std. 30 Min. **Vorbereitung: 15 Min.** **Für 4 Personen**

NÄHRWERTANGABEN	
Kilokalorien	186
Eiweiß	13 g
Kohlenhydrate	23 g
Zucker	6 g
Fett	5 g
davon gesättigt	2 g

Variation

Ersetzen Sie die Kohlrüben durch die gleiche Menge weißer Rüben. Anstelle der Pastinake können Sie Kartoffeln verwenden.

Gerste und Lammfleisch sind Bestandteile dieser Wintersuppe, die zu den berühmtesten des Landes zählt.

ZUTATEN

- **60 g Perlgraupen**
- **300 g mageres Lammfleisch ohne Knochen (z. B. Schulter oder Nacken), in 1 cm große Würfel geschnitten**
- **700 ml Wasser**
- **1 Zwiebel, fein gehackt**
- **2 Knoblauchzehen, fein gehackt oder zerdrückt**
- **1 l Hühnerbrühe (siehe Seite 13)**
- **1 Lorbeerblatt**
- **1 große Porreestange, längs geviertelt und in Stücke geschnitten**
- **2 große Karotten, fein gewürfelt**
- **1 Pastinake, fein gewürfelt**
- **120 g Steckrübe, geschält und fein gewürfelt**
- **2 EL frisch gehackte Petersilie**
- **Salz und Pfeffer**

2

2

3

Tipp

Mit magerem Lammfleisch ist dies eine fettarme Suppe. Kocht man sie vor und lässt sie abkühlen, kann man das erstarrte Fett leicht von der Oberfläche abnehmen.

1 Die Graupen unter fließend kaltem Wasser abspülen. In einen Topf geben, mit reichlich Wasser bedecken und aufkochen. 3 Minuten kochen und dabei den Schaum abschöpfen. Den Topf vom Herd nehmen, abdecken und beiseite stellen.

2 Das Lammfleisch mit dem Wasser in einen Topf geben und zum Kochen bringen. Den Schaum von der Oberfläche abschöpfen. Zwiebel, Knoblauch, Brühe und Lorbeerblatt einrühren. Die Hitze reduzieren. Abgedeckt 15 Minuten köcheln lassen.

3 Die Graupen abgießen und zur Suppe geben. Porree, Karotte, Pastinake und Steckrübe ebenfalls zufügen. 1 Stunde leicht köcheln lassen, bis Fleisch und Gemüse weich sind. Gelegentlich umrühren.

4 Die Suppe abschmecken, in vorgewärmte Schalen füllen und mit Petersilie garniert servieren.

Venusmuschel-Chowder

Garzeit: 35 Min. **Vorbereitung: 10 Min.** **Für 4 Personen**

NÄHRWERTANGABEN	
Kilokalorien	356
Eiweiß	24 g
Kohlenhydrate	23 g
Zucker	7 g
Fett	19 g
davon gesättigt	8 g

Variation

Wer es gerne pikant mag, kann die Suppe in Schritt 2 mit 1–2 entkernten und in Ringe geschnittenen roten Chillies verfeinern.

Von diesem amerikanischen Klassiker kursieren zahlreiche Varianten. Dieses Rezept stammt aus Manhattan. In Neuengland verzichtet man meist auf die Tomaten und verwendet Milch statt Brühe.

ZUTATEN

2 TL Sonnenblumenöl
115 g durchwachsener Speck ohne Schwarte, gewürfelt
25 g Butter
1 Zwiebel, gewürfelt
2 Selleriestangen, in Scheiben
2 Kartoffeln, gewürfelt
Salz und Pfeffer
2 Porreestangen, in Ringen
400 g gehackte Tomaten aus der Dose
3 EL frisch gehackte Petersilie
1,2 l Fischfond (siehe Seite 13)
550 g Venusmuscheln aus der Dose, abgespült und abgetropft

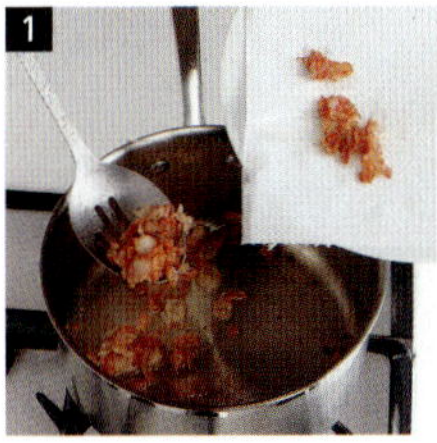

Tipp

Venusmuscheln aus der Dose sind in fast allen großen Supermärkten erhältlich. Sie ersparen viel Zeit und Aufwand bei der Zubereitung dieser Suppe, ohne deren Geschmack zu beeinträchtigen.

1 Das Öl in einem Topf erhitzen. Den Speck zufügen und bei mittlerer Hitze etwa 5 Minuten unter Rühren anbraten, bis das Fett austritt und der Speck knusprig wird. Aus dem Topf nehmen, auf Küchenpapier abtropfen lassen und beiseite stellen.

2 Die Butter in den Topf geben und unter Rühren zerlassen. Zwiebel, Sellerie, Kartoffeln und 1 Prise Salz zufügen. Den Topf abdecken und das Gemüse bei geringer Hitze 10 Minuten unter gelegentlichem Rühren weich dünsten.

3 Porree, Tomaten sowie 2 Esslöffel Petersilie einrühren. Den Fond zugießen, zum Kochen bringen, dann die Hitze reduzieren und die Suppe 10–15 Minuten köcheln lassen, bis das Gemüse gar ist. Mit Salz und Pfeffer abschmecken und die Muscheln einrühren. Erneut 2–3 Minuten erhitzen, dann auf Teller verteilen, mit der restlichen Petersilie und dem knusprigen Speck garnieren.

Genueser Fischsuppe

Für 4 Personen **Vorbereitung: 15 Min.** **Garzeit: 25 Min.**

Für diese köstliche Suppe können Sie jedes feste weiße Fischfilet verwenden. Beim Filetieren übersehene Gräten entfernen Sie am besten mit einer Pinzette, bevor sie das Fleisch zerkleinern.

ZUTATEN

25 g Butter
1 Zwiebel, gehackt
1 Knoblauchzehe, fein gehackt
55 g durchwachsener Speck ohne Schwarte, gewürfelt
2 Selleriestangen, gewürfelt
400 g gehackte Tomaten aus der Dose
150 ml trockener Weißwein
300 ml Fischfond (siehe Seite 13)
4 frische Basilikumblätter, klein gezupft
2 EL frisch gehackte glatte Petersilie
Salz und Pfeffer
450 g weißes Fischfilet, z. B. Kabeljau oder Seeteufel, gewürfelt
115 g Krabben

NÄHRWERTANGABEN	
Kilokalorien	276
Eiweiß	30 g
Kohlenhydrate	7 g
Zucker	5 g
Fett	12 g
davon gesättigt	6 g

Variation

Sie können die Suppe auch mit Schellfisch, Lengfisch oder Barsch zubereiten. Eine preiswertere Alternative ist Seelachs.

Tipp

Seeteufel eignet sich für diese Suppe besonders gut, da er nur eine einzige große Mittelgräte besitzt. Entfernen Sie jedoch unbedingt die dünne graue Außenhaut, bevor sie das Fleisch zubereiten.

1. Die Butter in einem großen Topf zerlassen. Die Zwiebel und die Knoblauchzehe darin bei geringer Hitze unter gelegentlichem Rühren etwa 5 Minuten weich dünsten.

2. Den Speck und den Sellerie zufügen und 2 Minuten unter Rühren mitdünsten.

3. Tomaten, Wein, Fond, Basilikum sowie 1 Esslöffel Petersilie einrühren. Die Suppe mit Salz und Pfeffer würzen und zum Kochen bringen. Dann die Hitze reduzieren und die Suppe 10 Minuten köcheln lassen.

4. Die Fischwürfel zugeben und etwa 5 Minuten in der Suppe kochen, bis sie sich milchig weiß verfärben. Dann die Krabben einrühren und etwa 3 Minuten sanft erhitzen. Die fertige Suppe in eine vorgewärmte Terrine umfüllen, mit der restlichen Petersilie garnieren und sofort servieren.

Minestrone

Garzeit: 2 Std. **Vorbereitung: 15 Min.** **Für 4 Personen**

NÄHRWERTANGABEN	
Kilokalorien	440
Eiweiß	18 g
Kohlenhydrate	67 g
Zucker	16 g
Fett	13 g
davon gesättigt	3 g

Variation

Traditionell wird die Minestrone mit Prinzessbohnen zubereitet. Sie können nach Belieben aber auch weiße oder Pinto-Bohnen verwenden.

Dieser immer aktuelle italienische Klassiker wird mit einer Fülle gesunder und leckerer Gemüsesorten zubereitet – fast jeder italienische Koch ist stolz auf eine eigene Version dieses Rezepts.

ZUTATEN

- **3 EL Olivenöl**
- **2 Zwiebeln, gehackt**
- **½ Weißkohl oder Wirsing, ohne Strunk und in Streifen geschnitten**
- **2 Zucchini, gewürfelt**
- **2 Selleriestangen, gewürfelt**
- **2 Karotten, gewürfelt**
- **2 Kartoffeln, gewürfelt**
- **4 große Tomaten, gehäutet und gehackt**
- **115 g getrocknete weiße Bohnen, über Nacht in reichlich kaltem Wasser eingeweicht**
- **1,2 l Hühner- oder Gemüsebrühe (siehe Seite 13)**
- **115 g Suppennudeln**
- **Salz und Pfeffer**
- **frische Parmesanspäne, zum Garnieren**
- **4 EL frisch geriebener Parmesan, zum Servieren**

2

3

4

Tipp

Da die Minestrone lange kocht und mit sehr viel Gemüse zubereitet wird, müssen Sie nicht unbedingt Brühe hinzugießen. Sie können stattdessen auch die gleiche Menge Wasser verwenden.

1 Das Öl in einem großen Topf erhitzen. Die Zwiebeln zugeben und bei geringer Hitze etwa 5 Minuten unter gelegentlichem Rühren weich dünsten.

2 Weißkohl oder Wirsing, Zucchini, Sellerie, Karotten, Kartoffeln und Tomaten in den Topf geben. Abdecken und das Gemüse etwa 10 Minuten dünsten; dabei gelegentlich umrühren.

3 Die eingeweichten Bohnen abgießen, abspülen und zu den anderen Zutaten in den Topf geben. Die Brühe zugießen und aufkochen. Den Topf abdecken und die Suppe 60–90 Minuten köcheln lassen, bis die Bohnen gar sind.

4 Die Nudeln zufügen und in 8–10 Minuten ohne Deckel in der Suppe *al dente* kochen. Die fertige Minestrone mit Salz und Pfeffer abschmecken, auf Teller verteilen und mit Parmesanspänen sowie einer zusätzlichen Prise Pfeffer garnieren. Sofort servieren. Den geriebenen Parmesan separat dazu reichen.

Indische Kartoffelsuppe

Für 4 Personen **Vorbereitung: 5 Min.** **Garzeit: 35 Min.**

Diese würzige und pikante Suppe erhält ihr typisch indisches Aroma durch Garam Masala, Chili, Kreuzkümmel und Koriander – eine wärmende Mahlzeit für kalte Wintertage.

ZUTATEN

2 EL Öl
225 g mehlig kochende Kartoffeln, gewürfelt
1 große Zwiebel, gehackt
2 Knoblauchzehen, zerdrückt
1 TL Garam Masala
1 TL gemahlener Koriander
1 TL gemahlener Kreuzkümmel
850 ml Gemüsebrühe (siehe Seite 13)
1 rote Chili, gehackt
100 g tiefgefrorene Erbsen
4 EL fettarmer Naturjoghurt
Salz und Pfeffer
frisch gehackter Koriander, zum Garnieren

NÄHRWERTANGABEN	
Kilokalorien	153
Eiweiß	6 g
Kohlenhydrate	18 g
Zucker	6 g
Fett	6 g
davon gesättigt	1 g

Tipp

Wenn Sie es weniger scharf mögen, entfernen Sie vor dem Hacken der Chili die Samen. Nach der Verarbeitung von Chillies immer die Hände waschen, um Haut- und Schleimhautreizungen zu vermeiden.

1 Das Öl in einem Topf erhitzen, Kartoffeln, Zwiebel und Knoblauch zugeben und etwa 5 Minuten unter Rühren andünsten.

2 Garam Masala, Koriander und Kreuzkümmel zugeben und unter Rühren etwa 1 Minute dünsten. Die Brühe zugießen, die Chili zugeben und aufkochen. Die Hitze reduzieren und abgedeckt 20 Minuten köcheln lassen, bis die Kartoffeln zerfallen.

3 Die Erbsen zufügen und weitere 5 Minuten leise köcheln lassen, dann den Joghurt einrühren. Mit Salz und Pfeffer abschmecken. In vorgewärmte Suppenschalen geben und mit Koriander garnieren.

Pilzsuppe mit Ingwer

Garzeit: 15 Min. **Vorbereitung: 40 Min.** **Für 4 Personen**

Thailändische Suppen sind schnell gekocht. Im fertigen Gericht behält jede Zutat ihren eigenen Charakter. Durch die Nudeln wird diese Suppe zu einer Hauptmahlzeit.

NÄHRWERTANGABEN	
Kilokalorien	74
Eiweiß	3 g
Kohlenhydrate	9 g
Zucker	1 g
Fett	3 g
davon gesättigt	0,4 g

ZUTATEN

15 g getrocknete chinesische Pilze oder
125 g braune Champignons, in Scheiben
1 l heiße Gemüsebrühe (siehe Seite 13)
125 g asiatische Eiernudeln
2 TL Sonnenblumenöl
3 Knoblauchzehen, zerdrückt
2,5-cm-Stück Ingwerwurzel, frisch gerieben
½ TL Pilz-Ketchup oder Pilzsauce
1 TL helle Sojasauce
125 g Bohnensprossen
Korianderblätter, zum Garnieren

1

2

3

1 Die getrockneten Pilze 30 Minuten in 300 ml heißer Gemüsebrühe einweichen. Die Stiele entfernen, die Hüte in Streifen schneiden und die Einweichflüssigkeit aufbewahren. Anschließend die Nudeln 2–3 Minuten in kochendem Wasser garen, abgießen und abtropfen lassen. Beiseite stellen.

2 Das Öl bei starker Hitze in einem großen Wok oder einer schweren Pfanne erhitzen. Knoblauch und Ingwer zugeben und die Pilze einrühren. Bei starker Hitze 2 Minuten anbraten. Dann die restliche Gemüsebrühe mit der Einweichflüssigkeit der Pilze zugießen und aufkochen. Ketchup und Sojasauce zufügen.

3 Die Bohnensprossen zugeben und köcheln lassen, bis sie gar sind. Die Nudeln auf Suppenschalen verteilen und mit der heißen Suppe übergießen. Mit Korianderblättern garnieren und sofort servieren.

Tipp

Für eine fettreduzierte Kost empfiehlt sich, statt Eiernudeln Reis- oder Glasnudeln zu nehmen, da diese kein Fett enthalten.

Gemüsesuppe mit Pesto

Für 6 Personen **Vorbereitung: 20 Min.** **Garzeit: 50 Min.**

Diese Suppe erhält ihren unverwechselbaren intensiven Geschmack durch die frischen Aromen junger Sommergemüse – frische Bohnen gehören unbedingt dazu.

ZUTATEN

1 EL Olivenöl
1 Zwiebel, fein gehackt
1 große Porreestange, in feinen Ringen
1 Selleriestange, in dünnen Scheiben
1 Karotte, längs geviertelt und in dünnen Scheiben
1 Knoblauchzehe, fein gehackt
1,4 l Wasser
1 Kartoffel, gewürfelt
1 Pastinake, fein gewürfelt
1 kleiner Kohlrabi, gewürfelt
150 g grüne Bohnen, in kleinen Stücken
150 g frische oder tiefgefrorene Erbsen
2 kleine Zucchini, längs geviertelt und in Scheiben
400 g Flageolet-Bohnen aus der Dose, abgespült und abgetropft
Salz und Pfeffer
100 g Spinatblätter, in schmalen Streifen

PESTO

1 große Knoblauchzehe, fein gehackt
15 g frisches Basilikum
75 g Parmesan, frisch gerieben
4 EL natives Olivenöl extra

NÄHRWERTANGABEN	
Kilokalorien	260
Eiweiß	12 g
Kohlenhydrate	21 g
Zucker	7 g
Fett	15 g
davon gesättigt	4 g

Variation

Ersetzen Sie den bei Schritt 2 verwendeten Kohlrabi einmal durch eine weiße Rübe.

2

2

3

Tipp

Wer keinen Mixer besitzt, kann den Pesto auch in einem Mörser zubereiten. Diese traditionelle Methode ist zwar etwas aufwändiger, funktioniert aber ebenso gut.

1 Das Öl bei mittlerer Hitze in einem Topf erwärmen. Darin Zwiebel und Porree etwa 5 Minuten unter Rühren weich dünsten. Sellerie, Karotte und Knoblauch zugeben und 5 Minuten unter Rühren dünsten.

2 Wasser, Kartoffel, Pastinake, Kohlrabi und grüne Bohnen zugeben. Aufkochen, dann die Hitze reduzieren und abgedeckt 5 Minuten köcheln lassen. Erbsen, Zucchini und Flageolet-Bohnen zugeben, kräftig mit Salz und Pfeffer würzen. Abdecken und 25 Minuten kochen, bis das Gemüse weich ist.

3 Für das Pesto Knoblauch, Basilikum und Parmesan in den Mixer geben und mit dem Olivenöl zu einer glatten Paste verarbeiten. Zwischendurch die Masse vom Schüsselrand abstreifen.

4 Die Spinatblätter zur Suppe geben und 5 Minuten leicht kochen. Mit Salz und Pfeffer abschmecken und 1 Esslöffel Pesto einrühren. Sofort servieren. Dazu das restliche Pesto reichen.

Gemüsesuppe süß-sauer

Garzeit: 10 Min. **Vorbereitung: 30 Min.** **Für 6 Personen**

NÄHRWERTANGABEN	
Kilokalorien	120
Eiweiß	7 g
Kohlenhydrate	17 g
Zucker	2 g
Fett	3 g
davon gesättigt	2 g

Variation

Falls chinesischer Reiswein nicht erhältlich ist, können Sie ihn durch trockenen Sherry ersetzen. Er ist dem Reiswein geschmacklich recht ähnlich.

Die Zutaten für diese asiatische Gemüsesuppe sind so sorgfältig aufeinander abgestimmt, dass das Ergebnis nicht nur hervorragend schmeckt, sondern auch optisch beeindruckt.

ZUTATEN

6 getrocknete Shiitake-Pilze
15 g getrocknete Mu-err-Pilze (siehe Tipp)
1,5 l Hühnerbrühe (siehe Seite 13)
4 EL Reisessig
2 TL Chilisauce
1 EL dunkle Sojasauce
1 EL chinesischer Reiswein
1 Knoblauchzehe, fein gehackt
2 TL frisch gehackte Ingwerwurzel
1 Karotte, in dünnen Streifen
175 g Bambussprossen aus der Dose, abgespült, abgetropft und in dünnen Streifen
225 g fester Tofu (Abtropfgewicht)
2 EL Speisestärke
3 EL Wasser
4 Frühlingszwiebeln, in Ringen, zum Garnieren

1

2

3

Tipp

Die auf Bäumen wachsenden chinesischen Mu-err-Pilze sind bei uns in asiatischen Lebensmittelgeschäften erhältlich. Geschmacklich relativ neutral, werden sie vor allem ihrer Konsistenz wegen geschätzt.

1 Shiitake-Pilze und Mu-err-Pilze jeweils in separate Schalen geben, mit kochendem Wasser übergießen und 20 Minuten einweichen lassen, anschließend abgießen. Die Shiitake-Pilze entstielen und die Hüte in Streifen schneiden. Die Mu-err-Pilze von allen holzigen Stellen befreien und ebenfalls in Streifen schneiden.

2 Die Brühe in einem großen Topf erhitzen. Pilze, Reisessig, Chili- und Sojasauce, Reiswein, Knoblauch, Ingwer, Karotte und Bambussprossen zufügen und alles zum Kochen bringen.

3 Unterdessen den Tofu in dünne Scheiben schneiden. Die Speisestärke mit dem Wasser glatt rühren und in die kochende Suppe geben. Dann die Hitze reduzieren und die Suppe unter ständigem Rühren etwa 3 Minuten weiter köcheln lassen, bis sie leicht eindickt. Anschließend den Tofu zufügen und in der Suppe erwärmen. Die fertige Suppe auf vorgewärmte Schalen verteilen, mit den Frühlingszwiebelringen garnieren und sofort servieren.

Mulligatawny-Suppe

Für 4 Personen **Vorbereitung: 20 Min.** **Garzeit: 2 Std.**

Britische Kolonialherren importierten diese würzige indische Geflügelsuppe im 19. Jahrhundert nach Europa. Ihr fruchtig herzhafter Currygeschmack wird sicher auch Sie begeistern.

NÄHRWERTANGABEN	
Kilokalorien	329
Eiweiß	14 g
Kohlenhydrate	36 g
Zucker	28 g
Fett	15 g
davon gesättigt	2 g

ZUTATEN

4 EL Erdnuss- oder Sonnenblumenöl
2 Hühnerteile (je etwa 350 g)
1 Zwiebel, gehackt
1 Karotte, gewürfelt
1 weiße Rübe, gewürfelt
1 EL Currypaste
8 schwarze Pfefferkörner, zerstoßen
4 Gewürznelken
55 g rote Linsen
850 ml Hühnerbrühe (siehe Seite 13)
4 EL Sultaninen
Salz
frische Korianderzweige, zum Garnieren

Variation

Geben Sie mit den Gewürzen in Schritt 2 statt der Sultaninen einen entkernten und gewürfelten Kochapfel sowie 1 Esslöffel Kokosflocken zu.

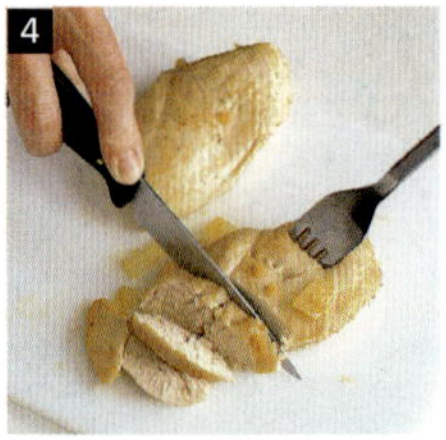

Tipp

Currypaste enthält verschiedene Gewürze, wie Kreuzkümmel, Kurkuma und Bockshornklee, und wird in verschiedenen Schärfegraden angeboten, unter denen Sie wählen können.

1 Das Öl in einem großen Topf erhitzen. Die Hühnerteile zugeben und bei mittlerer Hitze 10–15 Minuten rundum goldbraun anbraten. Dann aus dem Topf nehmen und beiseite stellen.

2 Zwiebel, Karotte und Rübe in den Topf geben und 10 Minuten unter gelegentlichem Rühen garen, bis alles leicht gebräunt ist. Dann Currypaste, Pfefferkörner und Gewürznelken zufügen und 1 Minute unter Rühren mitdünsten.

3 Die Linsen zugeben und unterrühren. Dann die Brühe zugießen und aufkochen. Das Fleisch in den Topf zurückgeben und die Sultaninen untermengen. Die Suppe abdecken und bei geringer Hitze 75–90 Minuten köcheln lassen.

4 Das Fleisch erneut aus dem Topf nehmen, enthäuten und in mundgerechte Stücke schneiden. Die Fleischstücke in den Topf zurückgeben und in der heißen Brühe erhitzen. Die fertige Suppe mit Salz abschmecken, auf vorgewärmte Teller verteilen, mit frischen Korianderzweigen garnieren und sofort servieren.

Umbrische Zwiebelsuppe

Für 4 Personen **Vorbereitung: 20 Min.** **Garzeit: 1 Std.**

Wie die genuesische Fischsuppe (Seite 30) stammt diese sättigende und wärmende Zwiebelsuppe aus der ländlichen Küche Norditaliens. Servieren Sie sie mit viel knusprigem Brot als Beilage.

ZUTATEN

700 g Zwiebeln
115 g Pancetta oder durchwachsener Speck ohne Schwarte, gewürfelt
25 g Butter
2 EL Olivenöl
2 TL Zucker
Salz und Pfeffer
1,2 l Hühnerbrühe (siehe Seite 13)
350 g Eiertomaten, gehäutet und gehackt
12 frische Basilikumblätter
frisch geriebener Parmesan, zum Servieren

NÄHRWERTANGABEN	
Kilokalorien	300
Eiweiß	7 g
Kohlenhydrate	19 g
Zucker	15 g
Fett	23 g
davon gesättigt	9 g

1

2

3

Tipp

Verwenden Sie für diese Suppe am besten weiße Zwiebeln aus Italien. Sie schmecken leicht süßlich und sind etwas milder als andere Sorten, sodass sie die übrigen Zutaten geschmacklich nicht überlagern.

1. Die Zwiebeln schälen und in dünne Streifen schneiden. Pancetta oder Speck in einen großen Topf geben und bei geringer Hitze etwa 5 Minuten unter Rühren erhitzen, bis das Fett austritt. Dann Butter, Olivenöl, Zwiebeln, Zucker und 1 Prise Salz zufügen und alles gut vermengen. Den Topf abdecken, und die Zwiebeln 15–20 Minuten unter gelegentlichem Rühren goldbraun dünsten.

2. Die Brühe zugießen, die Tomaten einrühren und alles mit Salz und Pfeffer würzen. Die Suppe abgedeckt etwa 30 Minuten unter gelegentlichem Rühren köcheln lassen.

3. Dann 8 Basilikumblätter klein zupfen und in die heiße Suppe rühren. Die Suppe abschmecken und auf vorgewärmte Schalen verteilen. Mit den restlichen Basilikumblättern garnieren und sofort servieren. Den Parmesan separat dazu reichen.

Kartoffelsuppe mit Karotten & Porree

Garzeit: 45 Min. **Vorbereitung: 10 Min.** **Für 4 Personen**

Mit ihrem cremig zarten, aber dennoch kräftigen Geschmack wird diese Suppe bald zu Ihren Favoriten zählen. Dabei ist sie nicht nur preisgünstig, sondern auch leicht zuzubereiten.

NÄHRWERTANGABEN	
Kilokalorien	317
Eiweiß	5 g
Kohlenhydrate	31 g
Zucker	9 g
Fett	20 g
davon gesättigt	13 g

ZUTATEN

25 g Butter
3 Kartoffeln, gewürfelt
3 Karotten, gewürfelt
3 Porreestangen, grob zerkleinert
1,2 l Hühnerbrühe (siehe Seite 13)
½ TL Zucker
½ TL frisch geriebene Muskatnuss
Salz und Pfeffer
3 EL Crème double, plus etwas mehr zum Garnieren

Tipp

Ebenso köstlich schmeckt die Suppe, wenn Sie die Hühnerbrühe durch Rindfleischbrühe (siehe Seite 13) ersetzen oder sie mit dem Sud eines ausgekochten Stücks Räucherspeck zubereiten.

1 Die Butter in einem großen Topf zerlassen. Kartoffeln, Karotten und Porree zufügen und bei geringer Hitze unter gelegentlichem Rühren 10 Minuten dünsten.

2 Die Brühe zugießen und zum Kochen bringen. Dann die Hitze reduzieren, den Topf halb abdecken und das Gemüse etwa 30 Minuten in der Brühe köcheln lassen, bis es zart ist. Anschließend den Topf vom Herd nehmen und leicht abkühlen lassen.

3 Gemüse und Brühe im Mixer glatt pürieren. Den Topf ausspülen. Die pürierte Suppe wieder hineingeben und mit Zucker, Muskat sowie Salz und Pfeffer würzen. Wieder aufwärmen und die Crème double einrühren. Die fertige Suppe in vorgewärmte Schalen füllen, jeweils mit etwas Crème double garnieren und sofort servieren.

Kartoffelsuppe mit Mais & Käse

Garzeit: 12–15 Min. **Vorbereitung: 20 Min.** **Für 4 Personen**

NÄHRWERTANGABEN	
Kilokalorien	860
Eiweiß	16 g
Kohlenhydrate	54 g
Zucker	15 g
Fett	66 g
davon gesättigt	41 g

Variation

Falls Sie keinen frischen Salbei bekommen, ersetzen Sie ihn in Schritt 4 durch 1 Prise getrockneten Salbei, und lassen Sie die Garnierung weg.

Diese schnell gekochte, sättigende Suppe wird mit klassischen Vorratszutaten zubereitet – sie ist das ideale Gericht für einen spontanen Sonntags-Brunch.

ZUTATEN

- **25 g Butter**
- **2 Schalotten, fein gehackt**
- **225 g Kartoffeln, gewürfelt**
- **4 EL Mehl**
- **2 EL trockener Weißwein**
- **300 ml Milch**
- **Salz (nach Belieben)**
- **325 g Mais aus der Dose, abgetropft**
- **85 g Gruyère, Emmentaler oder Gouda, gerieben**
- **8–10 frische Salbeiblätter, gehackt**
- **425 g Crème double**
- **frische Salbeizweige, zum Garnieren**

CROÛTONS

- **2–3 Scheiben altbackenes Weißbrot**
- **2 EL Olivenöl**

2

3

4

Tipp

Achten Sie bei der Zubereitung der Croûtons darauf, dass das Öl wirklich heiß ist, bevor Sie die Brotwürfel in die Pfanne geben. Andernfalls saugen die Würfel das Öl auf und werden weich.

1 Für die Croûtons zunächst das Brot von der Rinde befreien und dann in etwa 5 mm große Würfel schneiden. Das Olivenöl in einer Pfanne erhitzen und die Brotwürfel darin von allen Seiten goldbraun anbraten. Anschließend aus der Pfanne nehmen, auf Küchenpapier abtropfen lassen und beiseite stellen.

2 Die Butter in einem großen Topf zerlassen und die Schalotten darin bei geringer Hitze unter gelegentlichem Rühren etwa 5 Minuten weich dünsten. Die Kartoffeln zufügen und unter Rühren 2 Minuten mitdünsten.

3 Die Kartoffel-Zwiebel-Mischung mit Mehl bestäuben und 1 weitere Minute unter Rühren dünsten. Den Topf vom Herd nehmen und den Wein zugießen, dann nach und nach die Milch einrühren. Nach Belieben salzen und unter Rühren erneut aufkochen.

4 Die Hitze reduzieren, bis die Suppe nur noch leicht köchelt. Dann Mais, Käse, den gehackten Salbei und die Crème double einrühren. Sanft erhitzen, bis der Käse geschmolzen ist. Die fertige Suppe auf vorgewärmte Schalen verteilen, mit einigen Croûtons sowie je einem Salbeizweig garnieren und sofort servieren.

Röstgemüsesuppe

Für 6 Personen **Vorbereitung: 25 Min.** **Garzeit: 1 Std. 10 Min.**

Die Grundlage dieser Suppe bilden mediterrane, mit Olivenöl geröstete und mit Thymian gewürzte Gemüsesorten.

ZUTATEN

2–3 EL Olivenöl
700 g reife Tomaten, gehäutet, entkernt und halbiert
3 große gelbe Paprika, halbiert
1 kleine Aubergine, längs halbiert
3 Zucchini, längs halbiert
4 Knoblauchzehen, halbiert
2 Zwiebeln, geachtelt
Salz und Pfeffer
1 Prise getrockneter Thymian
1 l Gemüsebrühe (siehe Seite 13)
125 g Schlagsahne
frisch gehackte Basilikumblätter, zum Garnieren

NÄHRWERTANGABEN	
Kilokalorien	130
Eiweiß	3 g
Kohlenhydrate	11 g
Zucker	9 g
Fett	9 g
davon gesättigt	3 g

Variation

Gelbe Paprika wirken in dieser Suppe besonders ansprechend. Sie können auch rote verwenden, grüne Schoten sind hier jedoch ein wenig zu bitter.

1

2

4

Tipp

Wer keinen Mixer hat, kann das Gemüse in Schritt 3 auch von Hand fein hacken. Geben Sie die zerkleinerten Stücke in eine Schüssel, und mischen Sie sie gut durch, bevor Sie sie in den Topf umfüllen.

1 Ein Backblech mit Olivenöl einpinseln. Tomaten, Paprika, Aubergine und Zucchini nebeneinander mit der Schnittfläche nach unten hineinlegen. Knoblauch und Zwiebeln in die Lücken legen, alles mit Olivenöl beträufeln. Mit Salz, Pfeffer und Thymian würzen.

2 Im vorgeheizten Backofen bei 190 °C ohne Abdeckung 30–35 Minuten backen, bis das Gemüse weich ist und braune Ränder bekommt. Abkühlen lassen, dann das Fleisch aus den Auberginen schaben und die Haut der Paprika abziehen.

3 Auberginen- und Paprikafleisch zusammen mit den Zucchini mit dem Pürierstab oder im Mixer grob zerkleinern, aber nicht pürieren. Alternativ das Gemüse in einer Schüssel mit einem Messer grob hacken.

4 Die Brühe und das gehackte Gemüse in einen Topf geben und bei mittlerer Hitze 20–30 Minuten köcheln lassen, bis das Gemüse weich ist und sich die Aromen verbunden haben.

5 Die Sahne einrühren und bei geringer Hitze 5 Minuten erwärmen, dabei ab und zu rühren. Bei Bedarf nachwürzen. Die Suppe auf vorgewärmte Teller verteilen, mit gehacktem Basilikum garnieren und servieren.

Brokkolicremesuppe mit Käse

Für 4 Personen **Vorbereitung: 15 Min.** **Garzeit: 30 Min.**

Diese exquisite Suppe duftet köstlich und schmeckt einfach umwerfend – sanft und herzhaft zugleich, ist sie genau das Richtige nach einem anstrengenden Arbeitstag.

ZUTATEN

25 g Butter
1 Porreestange, grob zerkleinert
1 Zwiebel, gehackt
350 g Brokkoli, in Röschen
1 Kartoffel, gewürfelt
600 ml Hühnerbrühe (siehe Seite 13)
300 ml Milch
3 EL Crème double
Salz und Pfeffer
140 g Blauschimmelkäse, zerbröckelt

NÄHRWERTANGABEN	
Kilokalorien	407
Eiweiß	16 g
Kohlenhydrate	17 g
Zucker	9 g
Fett	31 g
davon gesättigt	19 g

Tipp

Salzen Sie in Schritt 3 die Suppe nicht zu stark, da sie durch den Blauschimmelkäse noch zusätzliche Würze erhalten wird.

1 Die Butter in einem großen Topf zerlassen. Porree und Zwiebel zufügen und bei geringer Hitze unter Rühren etwa 5 Minuten dünsten. 2–3 große Brokkoliröschen beiseite legen, den Rest zusammen mit der Kartoffel in den Topf geben.

2 Die Brühe zugießen und langsam zum Kochen bringen. Den Topf abdecken und das Gemüse etwa 20 Minuten köcheln lassen, bis es weich ist. Dann vom Herd nehmen und leicht abkühlen lassen. Gemüse und Brühe im Mixer glatt pürieren. Den Suppentopf ausspülen. Das pürierte Gemüse in ein Sieb geben und mithilfe eines Löffels in den ausgespülten Topf drücken.

3 Milch und Crème double einrühren und alles mit Salz und Pfeffer würzen. Die Suppe wieder sanft erhitzen. Unterdessen die beiseite gelegten Brokkoliröschen 30 Sekunden in kochendem Wasser blanchieren. Dann abgießen, unter kaltem Wasser abspülen und in kleinere Röschen zerteilen. Den Käse in die heiße Suppe geben und schmelzen lassen. Die fertige Suppe auf vorgewärmte Teller verteilen, mit dem blanchierten Brokkoli garnieren und sofort servieren.

Avgolemono

Garzeit: 25–30 Min. **Vorbereitung: 15 Min.** **Für 4 Personen**

Dieser griechische Klassiker verlangt etwas Fingerspitzengefühl: Die Suppe darf nach der Zugabe der Eier nicht mehr kochen, da diese sonst gerinnen, was weniger appetitlich aussieht.

NÄHRWERTANGABEN	
Kilokalorien	87
Eiweiß	4 g
Kohlenhydrate	12 g
Zucker	0 g
Fett	3 g
davon gesättigt	1 g

ZUTATEN

1,2 l Hühnerbrühe (siehe Seite 13)

1 EL fein abgeriebene Zitronenschale

1 frischer Thymianzweig

1 frischer Petersilienzweig

55 g Langkornreis

2 Eier

2 EL Zitronensaft

Salz und Pfeffer

frische Thymianblätter, zum Garnieren

Tipp

Diese Suppe wird manchmal auch als Sauce zu Hackfleischbällchen gereicht. Die Zubereitung bleibt dabei die gleiche, doch sollten Sie zu diesem Zweck auf den Reis verzichten.

1 Die Brühe in einen großen Topf gießen. Zitronenschale, Thymian und Petersilie zufügen und zum Kochen bringen.

2 Den Reis zugeben. Die Brühe erneut aufkochen, dann den Reis bei reduzierter Hitze 15–20 Minuten köcheln lassen, bis er gar ist. Anschließend den Topf vom Herd nehmen und den Inhalt leicht abkühlen lassen.

3 Die Eier mit dem Zitronensaft verquirlen. Eine kleine Kelle der noch heißen, aber nicht mehr kochenden Brühe zugießen und unterrühren. Die Mischung in den Topf gießen und die Suppe bei sehr geringer Hitze unter ständigem Rühren sanft erwärmen, bis sie leicht eindickt; dabei keinesfalls mehr aufkochen. Anschließend die Suppe mit Pfeffer und Salz abschmecken. Dann die Thymian- und Petersilienzweige entfernen. Die fertige Suppe auf vorgewärmte Schalen verteilen, mit Thymianblättern garnieren und sofort servieren.

Fleisch & Geflügel

Dieses Kapitel beinhaltet viele Speisen, die Ihre Geschmacksknospen angenehm reizen werden. Darunter sind so delikate, herzhafte Gerichte wie Bœf en daube *(Seite 54) und* Huhn nach Südstaaten-Art *(Seite 104), deftige Klassiker wie* Chili con carne *(Seite 56) und* Irish Stew *(Seite 67), schnelle Köstlichkeiten wie* Bœuf Stroganoff *(Seite 63) und* Pollo alla cacciatora *(Seite 103), aber auch exotische Kreationen wie die* Asiatischen Rindfleischtöpfchen *(Seite 62) und die* Lammpfanne mit Kokosmilch *(Seite 73). Ob Sie also scharfe und würzige, delikate und kräftige oder deftige und schlichte Eintöpfe oder Schmorgerichte bevorzugen, dieses Kapitel stellt Sie vor die Qual der Wahl.*

Die meisten der folgenden Fleisch- und Geflügelgerichte erfordern keine lange Zubereitung. Einige sind im Nu gekocht, andere müssen eine Weile vor sich hin brodeln – eine gute Gelegenheit für ein gemütliches Glas Wein schon vor dem Essen. Ein weiteres Plus: Viele dieser Eintöpfe können Sie am nächsten Tag aufwärmen, und womöglich schmecken sie dann noch besser.

Mit diesen gehaltvollen, schmackhaften und auch preiswerten Speisen können Sie problemlos Ihren alltäglichen Küchenplan bestreiten. Aber auch für festliche Anlässe ist etwas dabei wie das Schweinefilet in Paprikasahne *(Seite 81) oder das zeitlose* Coq au vin *(Seite 100).*

Rindfleisch in Bier mit Kräuterklößen

Garzeit: 2 Std. 30 Min. **Vorbereitung: 25 Min.** **Für 6 Personen**

NÄHRWERTANGABEN	
Kilokalorien	576
Eiweiß	47 g
Kohlenhydrate	46 g
Zucker	18 g
Fett	22 g
davon gesättigt	9 g

Variation

Anstelle der Karotten können Sie auch anderes Wurzelgemüse, wie gehackte Pastinaken oder weiße Rüben, verwenden.

Dieser herzhafte britische Fleischeintopf ist ein ideales Gericht für kalte Wintertage.

ZUTATEN

EINTOPF

2 EL Sonnenblumenöl
2 große Zwiebeln, in dünnen Ringen
8 Karotten, in Scheiben
4 EL Mehl
Salz und Pfeffer
1,25 kg Schmorfleisch vom Rind, gewürfelt
425 ml dunkles Bier
2 TL Rohzucker
2 Lorbeerblätter
1 EL frisch gehackter Thymian

KRÄUTERKLÖSSE

115 g Mehl
1 TL Backpulver
1 Prise Salz
55 g Talg (Rinderfett), gerieben
2 EL frisch gehackte Petersilie, plus etwas mehr zum Garnieren
etwa 4 EL Wasser

1

2

3

Tipp

Falls Sie es etwas würziger mögen, können Sie dem Mehl für die Klöße zusätzlich 1 Teelöffel Senfpulver hinzufügen – ein Gewürz, das jeden herzhaften Eintopf bereichert.

1 Das Öl in einer backofenfesten Kasserolle erhitzen. Zwiebeln und Karotten darin bei geringer Hitze etwa 5 Minuten dünsten, dabei gelegentlich umrühren. Unterdessen das Mehl in einen Gefrierbeutel geben und mit Salz und Pfeffer würzen. Das Fleisch zufügen, den Gefrierbeutel verschließen und kräftig schütteln, bis das Fleisch rundum von der Mehlmischung überzogen ist.

2 Zwiebeln und Karotten aus der Kasserolle nehmen und beiseite stellen. Das Fleisch portionsweise in der Kasserolle unter Rühren anbraten, bis es gut gebräunt ist. Anschließend das gesamte Fleisch mit dem Gemüse in der Kasserolle vermengen und mit den Resten des gewürzten Mehls bestreuen. Das Bier zugießen, Zucker, Lorbeerblätter und Thymian zufügen und die Mischung aufkochen. Dann die Kasserolle abdecken und das Fleisch 1 Stunde und 45 Minuten bei 160 °C im vorgeheizten Backofen schmoren.

3 Für die Klöße Mehl, Backpulver und Salz in eine Schüssel sieben. Talg und Petersilie einrühren und so viel Wasser unterrühren, dass ein weicher Teig entsteht. Daraus von Hand kleine Klöße formen. Diese nach Ablauf der Schmorzeit zum Fleisch geben und 30 Minuten mitschmoren. Anschließend die Lorbeerblätter entfernen und den Eintopf mit gehackter Petersilie garniert servieren.

Bœuf en daube

Für 6 Personen **Vorbereitung: 8 Std. 20 Min.** **Garzeit: 3 Std. 15 Min.**

Bœuf en daube ist ein französischer Klassiker. Traditionell wird das Fleisch dazu am Stück gegart, meist in Wein. Früher geschah das über offenem Feuer in einem speziellen Topf, heute verwendet man einen Backofen – mit einem Rinderschmorbraten, wie Bœf en daube oft übersetzt wird, hat das kaum etwas gemein.

ZUTATEN

350 ml trockener Weißwein
2 EL Weinbrand
1 EL Weißweinessig
4 Schalotten, in Ringen
4 Karotten, in Scheiben
1 Knoblauchzehe, fein gehackt
6 schwarze Pfefferkörner
4 frische Thymianzweige
1 frischer Rosmarinzweig
2 frische Petersilienzweige, plus etwas mehr zum Garnieren
1 Lorbeerblatt
Salz
750 g Rindfleisch von der Oberschale, in 2,5 cm großen Würfeln
2 EL Olivenöl
800 g gehackte Tomaten aus der Dose
225 g Champignons, in Scheiben
1 Streifen Orangenschale, dünn abgeschält
55 g Bayonne-Schinken, in Streifen
12 schwarze Oliven

NÄHRWERTANGABEN	
Kilokalorien	319
Eiweiß	31 g
Kohlenhydrate	10 g
Zucker	9 g
Fett	12 g
davon gesättigt	4 g

Variation

Bayonne-Schinken ist trocken geräucherter Schinken aus den Pyrenäen. Falls er nicht erhältlich ist, können Sie ihn durch Parma-Schinken ersetzen

1

3

4

Tipp

Wenn Sie Schalen von Zitrusfrüchten zum Kochen benutzen, schälen oder reiben Sie sie am besten direkt in den Topf hinein, da sie sonst schnell austrocknen und an Aroma verlieren.

1 Wein, Weinbrand, Essig, Schalotten, Karotten, Knoblauch, Pfeffer, Thymian, Rosmarin, Petersilie, Lorbeerblatt und etwas Salz in einer metallfreien Schüssel mischen. Das Fleisch unterheben, bis es rundum von der Marinade überzogen ist. Dann mit Frischhaltefolie abdecken und 8 Stunden oder über Nacht in den Kühlschrank stellen.

2 Anschließend das Fleisch aus der Marinade nehmen und mit Küchenpapier trockentupfen. Die Marinade beiseite stellen. 1 Esslöffel Öl in einem großen Topf erhitzen. Das Fleisch portionsweise zugeben und bei mittlerer Hitze 3–4 Minuten unter Wenden braten, bis es rundum gebräunt ist. Die fertigen Portionen aus dem Topf nehmen und beiseite stellen, falls nötig, mehr Öl zufügen.

3 Das beiseite gestellte Fleisch in den Topf zurückgeben. Tomaten, Pilze und Orangenschale zufügen. Die beiseite gestellte Marinade durch ein Sieb in den Topf seihen. Alles aufkochen, dann abdecken und bei 150 °C im vorgeheizten Backofen 2 Stunden und 30 Minuten schmoren.

4 Den Topf aus dem Ofen nehmen, Schinken und Oliven zufügen und das Gericht erneut 30 Minuten im Backofen schmoren, bis das Fleisch gar ist. Die Orangenschale entfernen, den fertigen Eintopf mit Petersilie garnieren und sofort servieren.

Chili con carne

Für 4 Personen **Vorbereitung: 15 Min.** **Garzeit: 30–35 Min.**

Dieser mexikanisch-texanische Klassiker wird oft mit Reis serviert. Er schmeckt aber ebenso gut mit Tortillas oder mit dick aufgeschnittenem, knusprigem Brot.

ZUTATEN

2 EL Sonnenblumenöl
500 g Rinderhack
1 große Zwiebel, gehackt
1 Knoblauchzehe, fein gehackt
1 grüne Paprika, gewürfelt
1 TL Chilipulver
800 g gehackte Tomaten aus der Dose
800 g rote Kidney-Bohnen, abgespült und abgetropft
450 ml Rindfleischbrühe (siehe Seite 13)
Salz
1 Hand voll frische Korianderzweige
2 EL saure Sahne, zum Servieren

NÄHRWERTANGABEN	
Kilokalorien	437
Eiweiß	41 g
Kohlenhydrate	43 g
Zucker	16 g
Fett	13 g
davon gesättigt	3 g

1 Das Öl in einem großen Topf erhitzen. Das Hackfleisch darin bei mittlerer Hitze 5 Minuten unter ständigem Rühren braten, bis es rundum gebräunt ist.

2 Die Hitze reduzieren. Zwiebel, Knoblauch und Paprikawürfel zufügen und 10 Minuten unter Rühren dünsten.

3 Chilipulver, Tomaten und Kidney-Bohnen untermengen. Die Brühe zugießen und alles salzen. Aufkochen, dann die Hitze reduzieren und das Chili 15–20 Minuten unter gelegentlichem Rühren köcheln lassen, bis das Fleisch gar ist.

4 Einige Korianderzweige für die Garnierung beiseite legen, den Rest hacken und in den Topf geben. Das Chili abschmecken, mit etwas saurer Sahne und Korianderzweigen garnieren und servieren, oder abkühlen lassen, über Nacht in den Kühlschrank stellen und am nächsten Tag aufwärmen. So können sich die Aromen entfalten, und das Chili schmeckt noch würziger.

Variation

Fügen Sie in Schritt 2 statt Chilipulver 1–2 entkernte und fein gehackte Chilischoten zu. Mexikanische Sorten sind Anaheim (mild) und Jalapeño (scharf).

Herzhaft-leichter Hackfleischtopf

Garzeit: 1 Std. **Vorbereitung: 10 Min.** **Für 4 Personen**

Verwenden Sie stets frisches und qualitativ hochwertiges Hackfleisch, das magerer ist als die preisgünstigeren Sorten. Es ist geschmacksintensiver und gesünder.

NÄHRWERTANGABEN	
Kilokalorien	286
Eiweiß	26 g
Kohlenhydrate	21 g
Zucker	9 g
Fett	12 g
davon gesättigt	3 g

ZUTATEN

2 EL Erdnuss- oder Sonnenblumenöl
450 g Rinderhack
1 kleine Zwiebel, gehackt
½ grüne Paprika, fein gewürfelt
325 g Mais aus der Dose, abgetropft
200 g Tomaten aus der Dose
2 TL frisch gehackter Thymian
300 ml Rindfleischbrühe (siehe Seite 13)
oder 1 Rindfleischbrühwürfel, in
300 ml kochendem Wasser aufgelöst
Salz und Pfeffer
frische Thymianzweige, zum Garnieren

1 Das Öl in einem großen Topf erhitzen. Das Hackfleisch darin bei mittlerer Hitze 5 Minuten unter Rühren braten, bis es rundum gebräunt ist und keine Klumpen mehr aufweist. Eventuell überschüssiges Fett abgießen.

2 Zwiebel, Paprika, Mais, Tomaten und Thymian zum Fleisch geben. Die Brühe zugießen und unter Rühren zum Kochen bringen.

3 Die Hitze reduzieren, den Topf abdecken und den Inhalt 50 Minuten köcheln lassen, dann mit Salz und Pfeffer würzen. Den fertigen Hackfleischtopf mit Thymianzweigen garnieren und sofort servieren.

Tipp

Sie können das Gericht mit gekochtem Reis servieren, was aber einen zweiten Topf erfordert. Für einen Eintopf eignen sich auch knuspriges Brot und ein grüner Salat als Beilage.

Stifado

Garzeit: 2 Std. 15 Min. **Vorbereitung: 15 Min.** **Für 6 Personen**

NÄHRWERTANGABEN	
Kilokalorien	270
Eiweiß	29 g
Kohlenhydrate	21 g
Zucker	7 g
Fett	8 g
davon gesättigt	2 g

Variation

Die Zubreitung dieses Gerichts wird etwas weniger aufwändig, wenn Sie die Brühe durch Wasser ersetzen.

Dieser griechische Eintopf braucht etwas Zeit, da er sehr langsam gegart wird. Dafür aber werden Sie mit einer äußerst aromatischen Sauce belohnt und einem Fleisch, das auf der Zunge zergeht.

ZUTATEN

450 g Tomaten, gehäutet
150 ml Rindfleischbrühe (siehe Seite 13)
2 EL Olivenöl
450 g Schalotten, geschält
2 Knoblauchzehen, fein gehackt
700 g Schmorfleisch vom Rind, in 2,5 cm großen Würfeln
1 frischer Rosmarinzweig
1 Lorbeerblatt
2 EL Rotweinessig
Salz und Pfeffer
450 g Kartoffeln, geviertelt

1

2

3

Tipp

Sie können das Stifado nach Belieben mit frischen Rosmarinzweigen und Lorbeerblättern garnieren. Vor dem Verzehr sollten Sie jedoch die Kräuter entfernen.

1 Tomaten und Brühe im Mixer glatt pürieren. Oder die Tomaten durch ein Sieb mithilfe eines Holzlöffels in eine Schüssel streichen und anschließend mit der Brühe vermengen.

2 Das Öl in einer Kasserolle oder in einem großen Topf erhitzen. Die Schalotten und den Knoblauch zufügen und bei geringer Hitze etwa 8 Minuten dünsten, bis die Schalotten goldbraun gefärbt sind; dabei gelegentlich umrühren. Anschließend das Gemüse mit einem Schaumlöffel vorsichtig aus der Pfanne nehmen und auf einen Teller legen. Dann das Fleisch in den Topf geben und unter Rühren 5–8 Minuten rundum anbräunen.

3 Schalotten und Knoblauch in den Topf zurückgeben. Tomatenmischung, Kräuter, Essig sowie etwas Salz und Pfeffer zufügen. Abdecken und etwa 90 Minuten köcheln lassen. Dann die Kartoffeln zugeben und weitere 30 Minuten kochen. Rosmarin und Lorbeerblatt entfernen und das fertige Gericht sofort servieren.

Rindfleischgulasch

Für 4 Personen **Vorbereitung: 10 Min.** **Garzeit: 2 Std. 15 Min.**

Das Geheimnis dieses köstlichen Gulaschs liegt im langsamen Garen – erst dadurch entfaltet sich das volle Aroma aller Zutaten. Reis ist die ideale Beilage.

NÄHRWERTANGABEN	
Kilokalorien	386
Eiweiß	44 g
Kohlenhydrate	17 g
Zucker	10 g
Fett	16 g
davon gesättigt	5 g

ZUTATEN

2 El Öl
1 große Zwiebel, gewürfelt
1 Knoblauchzehe, zerdrückt
750 g magerer Rinderschmorbraten
2 EL Paprikapulver
425 g gehackte Tomaten aus der Dose
2 EL Tomatenmark
1 große rote Paprika, gewürfelt
175 g Champignons, in Scheiben
600 ml Rindfleischbrühe (siehe Seite 13)
1 EL Speisestärke
1 EL Wasser
Salz und Pfeffer
frisch gehackte Petersilie, zum Garnieren
gekochte Langkorn-Wildreis-Mischung, zum Servieren

Variation

Als Beilage eignet sich Naturjoghurt: Füllen Sie 4 Esslöffel zum Servieren in eine kleine Schale, und bestäuben Sie ihn mit etwas Paprikapulver.

Tipp

Wildreis ist meist recht teuer, daher wird er oft mit Langkornreis gemischt angeboten, was farblich wiederum sehr attraktiv aussieht.

1 Das Öl in einer Pfanne erhitzen. Zwiebel und Knoblauch 3–4 Minuten darin dünsten.

2 Das Fleisch in Würfel schneiden und zu der Zwiebelmischung geben. Alle Zutaten 3 Minuten pfannenrühren, bis das Fleisch ringsum gebräunt ist. Paprikapulver, Tomaten, Tomatenmark, Paprika und Champignons zugeben. Unter Rühren 2 Minuten dünsten. Die Brühe zugießen, zum Kochen bringen. Hitze reduzieren und abgedeckt 90–120 Minuten köcheln lassen, bis das Fleisch gar ist.

3 Die Speisestärke mit dem Wasser glatt rühren, dann zum Fleisch geben und mit diesem vermengen. Rühren, bis die Sauce eindickt. 1 Minute kochen, dann mit Salz und Pfeffer abschmecken.

4 Das Gulasch in eine Schüssel geben, mit Petersilie bestreuen und mit Reis servieren.

Asiatische Rindfleischtöpfchen

Für 4 Personen **Vorbereitung: 10 Min.** **Garzeit: 10–15 Min.**

Diese exotische Delikatesse stammt aus Thailand, ähnliche Gerichte gibt es aber auch in anderen asiatischen Ländern. Ausnahmsweise benötigen Sie hier zusätzlich noch vier Auflaufförmchen.

ZUTATEN

115 g Rumpsteak, in kleinen Würfeln
1 TL frisch geriebene Ingwerwurzel
1 EL thailändische Fischsauce
Pfeffer
3 Eier
125 ml Hühnerbrühe (siehe Seite 13)
3 Frühlingszwiebeln, in dünnen Ringen
4 Frühlingszwiebelquasten, zum Garnieren

NÄHRWERTANGABEN	
Kilokalorien	124
Eiweiß	12 g
Kohlenhydrate	1 g
Zucker	0 g
Fett	8 g
davon gesättigt	2 g

1

2

3

Tipp

Sie können die Rindfleischtöpfchen auch als Vorspeise servieren. Die angegebene Menge reicht dann für 6 Personen. Bei Zeitmangel können Sie die Brühe durch Wasser ersetzen.

1 Rumpsteak, Ingwer und Fischsauce in einer metallfreien Schüssel vermengen und mit Pfeffer würzen.

2 Eier und Brühe in einer separaten Schüssel verquirlen und dann über die Fleischmischung gießen. Anschließend die Frühlingszwiebelringe zufügen und gründlich untermengen.

3 Einen Dämpfeinsatz in einen Topf über leicht köchelndes Wasser hängen. Die Fleischmischung auf vier Ramequin-Formen verteilen und in den Dämpfeinsatz geben. Den Topf abdecken und das Fleisch 10–15 Minuten dämpfen, bis die Eimasse gestockt ist. Die Töpfchen aus dem Dämpfer nehmen, vor dem Servieren leicht abkühlen lassen und mit je einer Frühlingszwiebelquaste garniert servieren.

Bœuf Stroganoff

Garzeit: 25 Min. **Vorbereitung: 35 Min.** **Für 4 Personen**

Dieses bekannte Gericht ist eine köstliche Bereicherung für jeden Winterabend. Dünn aufgeschnittenes Rindfleisch und eine sahnige Senfsauce machen es zu etwas ganz Besonderem.

NÄHRWERTANGABEN	
Kilokalorien	354
Eiweiß	20 g
Kohlenhydrate	6 g
Zucker	3 g
Fett	28 g
davon gesättigt	14 g

ZUTATEN

15 g getrocknete Steinpilze
350 g Rinderfilet
2 EL Olivenöl
115 g Schalotten, in Ringen
175 g braune Champignons
Salz und Pfeffer
½ TL Dijon-Senf
5 EL Crème double
frischer Schnittlauch, zum Garnieren
gekochte Nudeln, zum Servieren

2

3

4

Tipp

Getrocknete Steinpilze sind mittlerweile in fast allen großen Lebensmittelläden und auch in Delikatessgeschäften erhältlich. Sie können aber auch andere getrocknete Pilze verwenden.

1 Die Steinpilze in eine Schüssel geben, mit kochendem Wasser übergießen und 15 Minuten einweichen lassen. Unterdessen das Fleisch zunächst quer zur Faser in 5 mm breite Scheiben, dann in 1 cm breite Streifen schneiden.

2 Die Pilze aus dem Wasser nehmen und klein schneiden. Das Einweichwasser durch ein Sieb oder einen Kaffeefilter in eine Schale gießen und aufbewahren.

3 1 Esslöffel Öl in einer großen Pfanne erhitzen. Die Schalotten darin bei geringer Hitze unter gelegentlichem Rühren etwa 5 Minuten weich dünsten. Dann die Steinpilze mit dem Einweichwasser sowie die Champignons zufügen und weitere 10 Minuten dünsten, bis fast die gesamte Flüssigkeit verdunstet ist. Dann das Gemüse auf einen Teller legen und beiseite stellen.

4 Das restliche Öl in die Pfanne geben und erhitzen. Das Fleisch, falls nötig portionsweise, zufügen und unter Rühren 4 Minuten rundum anbraten. Dann das Gemüse in die Pfanne zurückgeben und alles mit Salz und Pfeffer würzen. Senf und Crème double in einer kleinen Schale verrühren und in die Pfanne geben. Gut mit den anderen Zutaten vermengen und sanft erhitzen. Das fertige Gericht mit frischem Schnittlauch garnieren und mit Nudeln servieren.

Wildpfanne süß-sauer

Garzeit: 15 Min. **Vorbereitung: 15 Min.** **Für 4 Personen**

NÄHRWERTANGABEN	
Kilokalorien	219
Eiweiß	23 g
Kohlenhydrate	20 g
Zucker	18 g
Fett	5 g
davon gesättigt	1 g

Variation

Wer diesem Gericht Eintopfcharakter geben möchte, fügt bei Schritt 3 noch 225 g gekochte Eiernudeln und weitere 2 Esslöffel Sojasauce zu.

Wild ist mager und fettarm und eignet sich deshalb gut für eine kalorienbewusste Ernährung. Hier wird es mit knackigem Gemüse im Wok zubereitet.

ZUTATEN

1 Bund Frühlingszwiebeln
1 rote Paprika
100 g Zuckererbsen
100 g Babymaiskolben
350 g mageres Wildfleisch
1 EL Pflanzenöl
1 Knoblauchzehe, zerdrückt
2,5-cm-Stück Ingwerwurzel, fein gehackt
3 EL helle Sojasauce, plus etwas mehr zum Servieren
2 EL trockener Sherry
1 EL Weißweinessig
2 TL flüssiger Honig
225 g Ananasstücke aus der Dose, abgetropft
25 g Bohnensprossen
gekochter Reis, zum Servieren

Tipp

Fleisch von wild lebenden Hirschen schmeckt sehr intensiv und wird beim Kochen rasch zäh. Für dieses Gericht empfiehlt sich das garantiert milde und zarte Fleisch von Zuchttieren.

1 Die Frühlingszwiebeln putzen und in 2,5 cm lange Stücke schneiden. Die Paprika halbieren, entkernen und in 2,5 cm große Stücke schneiden. Zuckererbsen und Babymaiskolben putzen.

2 Das Fleisch in dünne Streifen schneiden. Das Öl in einer großen Pfanne oder einem Wok erhitzen. Dann Fleisch, Knoblauch und Ingwer darin unter ständigem Rühren etwa 5 Minuten anbraten. Frühlingszwiebeln, Paprika, Zuckererbsen und Mais zugeben. Dann Sojasauce, Sherry, Essig und Honig zugießen. Alles unter Rühren bei starker Hitze weitere 5 Minuten pfannenrühren.

3 Die Ananasstücke und die Bohnensprossen vorsichtig unterrühren und weitere 2 Minuten pfannenrühren, bis alles heiß ist. Mit gekochtem Reis und zusätzlicher Sojasauce servieren.

Fruchtige Lammkoteletts

Für 4 Personen **Vorbereitung: 10 Min.** **Garzeit: 2 Std.**

Lammfleisch ist sehr geschmacksintensiv. Es wird daher oft mit Früchten oder Kräutern, wie Johannisbeeren oder Minze, verfeinert. Hier werden zur Abwechslung Birnen verwendet.

ZUTATEN

1 EL Olivenöl
1 kg Lammkoteletts, sichtbares Fett entfernt
6 Birnen, geschält, entkernt und geviertelt
1 TL Ingwerpulver
4 Kartoffeln, gewürfelt
4 EL trockener Cidre
Salz und Pfeffer
450 g grüne Bohnen
2 EL frische Schnittlauchröllchen, zum Garnieren

NÄHRWERTANGABEN	
Kilokalorien	504
Eiweiß	37 g
Kohlenhydrate	53 g
Zucker	27 g
Fett	17 g
davon gesättigt	7 g

Tipp

Verwenden Sie für dieses Gericht Birnen, die auch im reifen Zustand noch fest sind, etwa solche der Sorten Williams oder Forelle. Weiche Birnen zerfallen beim Kochen.

1 Das Öl in einer backofenfesten Kasserolle erhitzen. Die Lammkoteletts zugeben und bei mittlerer Hitze 5–10 Minuten unter Wenden braten, bis sie rundum gut gebräunt sind.

2 Die Birnenviertel auf dem Fleisch verteilen und mit dem Ingwerpulver bestäuben. Die Kartoffelwürfel darüber geben, den Cidre zugießen und alles mit Salz und Pfeffer würzen. Dann die Kasserolle abdecken und das Gericht bei 160 °C im vorgeheizten Backofen 75 Minuten schmoren.

3 Die Enden der Bohnen abschneiden. Die Kasserolle aus dem Backofen nehmen und die Bohnen zufügen. Die Kasserolle wieder abdecken und den Inhalt im Backofen 30 Minuten schmoren. Das fertige Gericht gut abschmecken und mit Schnittlauchröllchen garniert sofort servieren.

Irish Stew

Garzeit: 2 Std. 30 Min. **Vorbereitung: 10 Min.** **Für 4 Personen**

Dieser traditionelle irische Lammeintopf zählt zu den klassischen Wintergerichten. Mit irischem Sodabrot serviert wird das Gericht besonders authentisch.

NÄHRWERTANGABEN	
Kilokalorien	496
Eiweiß	40 g
Kohlenhydrate	55 g
Zucker	16 g
Fett	15 g
davon gesättigt	6 g

ZUTATEN

4 EL Mehl
Salz und Pfeffer
1,3 kg Lammnacken, in Scheiben
3 große Zwiebeln, gehackt
3 Karotten, in Scheiben
450 g Kartoffeln, geviertelt
½ TL getrockneter Thymian
850 ml heiße Rindfleischbrühe
(siehe Seite 13)
2 EL frisch gehackte Petersilie, zum Garnieren

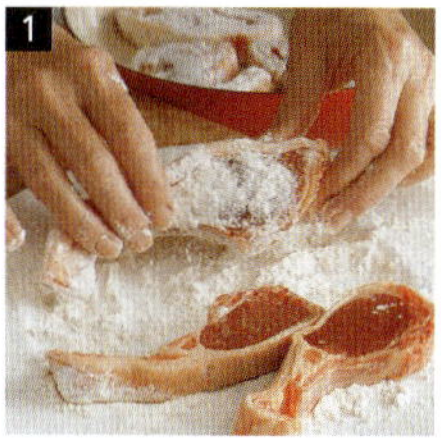

1 Das Mehl mit Salz und Pfeffer würzen und auf eine Arbeitsfläche geben. Die Fleischscheiben darin wälzen, bis sie rundum von Mehl überzogen sind. Überschüssiges Mehl abschütteln und das Fleisch auf dem Boden einer backofenfesten Kasserolle verteilen.

2 Zwiebeln, Karotten und Kartoffeln auf dem Fleisch verteilen.

3 Das Stew mit Thymian bestreuen. Die Brühe zugießen, die Kasserolle abdecken und das Gericht bei 160 °C im vorgeheizten Backofen 2 Stunden und 30 Minuten schmoren. Anschließend mit frisch gehackter Petersilie garnieren und noch heiß servieren.

Tipp

Besonders aromatisch wird dieser Eintopf, wenn Sie ihn mit Kräuterklößen (siehe Seite 53) servieren. Geben Sie sie 30 Minuten vor Ende der Garzeit hinzu, und schmoren Sie sie im Backofen mit.

Französischer Bauerntopf

Für 6 Personen **Vorbereitung: 15 Min.** **Garzeit: 2 Std. 15 Min.**

Für dieses Gericht werden saftig zarte Lammfleischwürfel mit Minze, Lauch und Aprikosen verfeinert und mit einer knusprigen Kartoffelkruste versehen. Das sieht so gut aus, wie es schmeckt.

ZUTATEN

2 EL Sonnenblumenöl
2 kg entbeinte Lammkeule, in 2,5 cm großen Würfeln
6 Porreestangen, in Ringen
1 EL Mehl
150 ml Roséwein
300 ml Hühnerbrühe (siehe Seite 13)
1 EL Tomatenmark
1 EL Zucker
2 EL frisch gehackte Minze
115 g getrocknete Aprikosen, gehackt
Salz und Pfeffer
1 kg Kartoffeln, in Scheiben
3 EL zerlassene Butter
frische Minzezweige, zum Garnieren

NÄHRWERTANGABEN	
Kilokalorien	720
Eiweiß	60 g
Kohlenhydrate	44 g
Zucker	15 g
Fett	33 g
davon gesättigt	15 g

Variation

Ein etwas kräftigeres Aroma erhält der Bauerntopf, wenn Sie statt des Roséweins einen hellen Rotwein verwenden.

1

2

3

Tipp

Bei der Zubereitung von Schmortöpfen sollte man das Fleisch vor dem eigentlichen Garen im Backofen kurz auf dem Herd anbräunen. Auf diese Weise erhält es eine besonders appetitliche Farbe.

1 Das Öl in einer großen Kasserolle erhitzen. Die Fleischwürfel portionsweise darin bei mittlerer Hitze etwa 5–8 Minuten unter Rühren rundum bräunen. Dann auf einen Teller geben und beiseite stellen.

2 Die Porreeringe in die Kasserolle geben und 5 Minuten unter gelegentlichem Rühren weich dünsten, dann mit dem Mehl bestäuben und 1 weitere Minute unter Rühren dünsten. Wein und Brühe zugießen und unter Rühren aufkochen. Dann Tomatenmark, Zucker, gehackte Minze und Aprikosen einrühren und alles mit Salz und Pfeffer würzen.

3 Das Fleisch in die Kasserolle zurückgeben und untermengen. Die Kartoffelscheiben auf der Fleisch-Gemüse-Mischung verteilen und mit der zerlassenen Butter bestreichen. Dann die Kasserolle abdecken und das Gericht bei 180 °C im vorgeheizten Backofen 90 Minuten schmoren.

4 Die Backofentemperatur auf 200 °C erhöhen und das Gericht ohne Deckel weitere 30 Minuten schmoren, bis die Kartoffeln goldbraun und knusprig sind. Den fertigen Bauerntopf mit Minzezweigen garnieren und sofort servieren.

Lamm-Kartoffel-Moussaka

Garzeit: 1 Std. 15 Min. **Vorbereitung: 40 Min.** **Für 4 Personen**

NÄHRWERTANGABEN	
Kilokalorien	422
Eiweiß	32 g
Kohlenhydrate	35 g
Zucker	8 g
Fett	18 g
davon gesättigt	8 g

Variation

Wenn kein Lammfleisch erhältlich ist, können Sie für dieses Gericht auch Rinderhack verwenden. Ersetzen Sie die Lamm- dann durch Rindfleischbrühe.

Traditionell wird Moussaka mit Lammhack zubereitet, aber man kann auch Rinderhack verwenden.

ZUTATEN

1 große Aubergine, in Scheiben
Salz und Pfeffer
1 EL Olivenöl
1 Zwiebel, fein gehackt
1 Knoblauchzehe, zerdrückt
350 g mageres Lammfleisch, zu Hack verarbeitet
250 g Champignons, in Scheiben
425 g gehackte Tomaten aus der Dose, mit Kräutern gewürzt
150 ml Lammbrühe
2 EL Speisestärke
2 EL Wasser
500 g Kartoffeln, 10 Minuten gekocht und in Scheiben geschnitten
2 Eier
125 g fettarmer Frischkäse
150 g fettarmer Naturjoghurt
55 g fettarmer Gouda, gerieben
frische Petersilie, zum Garnieren
grüner Salat, zum Servieren

Tipp

Sie müssen die Moussaka nicht unbedingt mit einer Fleischbrühe zubereiten. Eine hochwertige Gemüsebrühe, am besten selbst gemacht (siehe Seite 13), ist als Grundlage ebenso gut geeignet.

1 Die Auberginenscheiben auf einer sauberen Platte auslegen und großzügig mit Salz bestreuen, um die Bitterstoffe herauszuziehen. Die Scheiben nach 10 Minuten umdrehen und wieder mit Salz bestreuen. Dann in ein Sieb geben und gut abspülen.

2 Das Öl in einem Topf erhitzen, Zwiebel und Knoblauch 3–4 Minuten darin anbraten. Lammhack und Champignons zugeben und 5 Minuten mitbraten. Tomaten und Brühe einrühren, zum Kochen bringen und 10 Minuten köcheln lassen. Die Speisestärke mit dem Wasser glatt rühren und mit dem Fleisch vermengen. Unter Rühren kochen, bis die Sauce eindickt.

3 Die Hälfte des Fleischs in eine Auflaufform geben und die Auberginenscheiben darauf verteilen. Das restliche Fleisch darüber geben und mit den Kartoffelscheiben belegen.

4 Eier, Frischkäse und Joghurt verquirlen. Die Sauce mit Salz und Pfeffer würzen und über die Kartoffeln gießen. Dann den Auflauf mit dem geriebenen Käse bestreuen und bei 190 °C im Backofen etwa 45 Minuten backen, bis der Käse eine gebräunte Kruste bildet. Mit Petersilie garnieren und mit grünem Salat servieren.

Marokkanischer Lammfleischtopf

Für 4 Personen **Vorbereitung: 20 Min.** **Garzeit: 1 Std. 30 Min.**

Mit getrockneten Früchten und duftenden Gewürzen verfeinertes geschmortes Lammfleisch ist in der gesamten nordafrikanischen Küche verbreitet. Auch bei uns wird es immer beliebter.

ZUTATEN

500 g entbeinte Lammkeule
1 EL Sonnenblumenöl
350 g Schalotten, geschält
425 ml Hühnerbrühe (siehe Seite 13)
1 EL flüssiger Honig
1 TL Zimt
½ TL Ingwerpulver
½ TL Safranfäden, leicht zerstoßen
¼ TL frisch geriebene Muskatnuss
Salz und Pfeffer
abgeriebene Schale und Saft von 1 Orange
12 saftige Backpflaumen
Orangenzesten, zum Garnieren

NÄHRWERTANGABEN	
Kilokalorien	335
Eiweiß	28 g
Kohlenhydrate	26 g
Zucker	24 g
Fett	14 g
davon gesättigt	6 g

1

2

3

Tipp

Achten Sie beim Kauf der Backpflaumen unbedingt darauf, relativ weiche Früchte zu erhalten. Härtere Exemplare müssen Sie vor der Verwendung in heißem Wasser einweichen.

1 Das Fleisch in große Würfel schneiden. Das Öl in einer backofenfesten Kasserolle erhitzen, das Fleisch zufügen und bei mittlerer Hitze 3–4 Minuten unter Rühren braten, bis es rundum gebräunt ist. Dann aus der Kasserolle nehmen und auf einem Teller beiseite stellen. Die Schalotten in die Kasserolle geben und bei geringer Hitze unter gelegentlichem Rühren 10 Minuten glasig dünsten. Dann ebenfalls aus der Kasserolle nehmen und auf einen zweiten Teller geben.

2 Eventuell überschüssiges Fett aus der Kasserolle abgießen. Dann die Brühe zugießen und unter Rühren aufkochen; dabei eventuell am Boden festgebackenen Bratensatz lösen. Das Fleisch in die Kasserolle zurückgeben, dann Honig, Zimt, Ingwerpulver, Safran und Muskat zufügen. Alles mit Salz und Pfeffer würzen, abdecken und 30 Minuten köcheln lassen.

3 Die Schalotten sowie Orangenschale und -saft in die Kasserolle geben und unterrühren. Die Kasserolle erneut abdecken und alles weitere 30 Minuten köcheln lassen. Dann die Pflaumen untermengen. Das Gericht abschmecken und noch einmal 15 Minuten köcheln lassen. Den fertigen Lammfleischtopf mit Orangenzesten garnieren und sofort servieren.

Lammpfanne mit Kokosmilch

Garzeit: 10 Min. **Vorbereitung: 10 Min.** **Für 4 Personen**

Dieses nach thailändischer Art zubereitete Curry schmeckt so gut, dass jeder meinen wird, Sie hätten Stunden mit der Zubereitung verbracht. Nur Sie wissen, wie kinderleicht es ist.

NÄHRWERTANGABEN	
Kilokalorien	273
Eiweiß	25 g
Kohlenhydrate	2 g
Zucker	1 g
Fett	19 g
davon gesättigt	5 g

ZUTATEN

450 g Lammfilet
55 g Kokoscreme
300 ml kochendes Wasser
2 TL Erdnuss- oder Sonnenblumenöl
1–2 Knoblauchzehen, fein gehackt
2 TL frisch geriebene Ingwerwurzel
2 EL thailändische grüne Currypaste
abgeriebene Schale und Saft von 1 Limette
Salz und Pfeffer
2 EL frisch gehackter Koriander, plus etwas mehr zum Garnieren
gekochter Reis, zum Servieren

1 Das Fleisch quer zur Faser zunächst in Scheiben, dann in etwa 4 cm lange Streifen schneiden. Kokoscreme und Wasser in einem Messbecher verrühren.

2 Das Öl in einem vorgewärmten Wok oder einer großen Pfanne erhitzen. Lammfleisch, Knoblauch und Ingwer zufügen und bei starker Hitze 2–3 Minuten braten. Dann Currypaste, Kokoscrememischung, Limettenschale und -saft zufügen und alles mit Salz und Pfeffer würzen.

3 Unter Rühren aufkochen, dann die Hitze reduzieren und 5 Minuten köcheln lassen. Den Koriander einrühren. Das fertige Gericht mit Koriander garnieren und mit Reis servieren.

Tipp

Küchenfertige Currypaste erhalten Sie in gut sortierten Supermärkten oder asiatischen Lebensmittelgeschäften. Sie sorgt in vielen exotischen Gerichten für ein typisch thailändisches Aroma.

Rogan Josh

Für 6 Personen

Vorbereitung: 8 Std. 20 Min.

Garzeit: 1 Std. 45 Min.

Dieses würzige Gericht zählt zu den populärsten Lamm-Currys Indiens. Mit Naan-Brot als Beilage serviert, ergibt es eine äußerst gehaltvolle köstliche Hauptmahlzeit.

ZUTATEN

- **225 g Naturjoghurt**
- **3 TL Zitronensaft**
- **2,5-cm-Stück frische Ingwerwurzel, gerieben**
- **2 Knoblauchzehen, fein gehackt**
- **Salz**
- **900 g Lammfilet, in 2,5 cm großen Würfeln**
- **3 EL Sonnenblumenöl**
- **½ TL Kreuzkümmelsamen**
- **4 Kardamomkapseln**
- **1 Zwiebel, fein gehackt**
- **1 frische grüne Chili, entkernt und fein gehackt**
- **2 TL gemahlener Kreuzkümmel**
- **2 TL gemahlener Koriander**
- **400 g gehackte Tomaten aus der Dose**
- **2 TL Tomatenmark**
- **150 ml Wasser**
- **2 Lorbeerblätter, plus etwas mehr zum Garnieren**

NÄHRWERTANGABEN	
Kilokalorien	340
Eiweiß	35 g
Kohlenhydrate	8 g
Zucker	7 g
Fett	19 g
davon gesättigt	7 g

Variation

Ein klein wenig süßlicher wird das Curry, wenn Sie die grüne Chilischote durch eine rote ersetzen.

Tipp

Kleine Stücke frisch gehackter Chillies verbrennen rasch, wenn sie bei starker Hitze angebraten werden. Damit das nicht passiert, halten Sie die Stücke durch Rühren ständig in Bewegung.

1 Joghurt, Zitronensaft, Ingwer und die Hälfte des Knoblauchs in einer metallfreien Schüssel sorgfältig vermengen. Die Mischung salzen, das Fleisch zugeben und gut in der Mischung wälzen. Die Schüssel mit Frischhaltefolie abdecken und das Fleisch 8 Stunden oder über Nacht im Kühlschrank marinieren.

2 Anschließend das Öl in einer großen Pfanne stark erhitzen. Die Kreuzkümmelsamen darin 1–2 Minuten unter Rühren rösten, bis sie aufplatzen und ihr Aroma entfalten. Die Kardamomkapseln zugeben und 2 Minuten unter Rühren mitrösten. Dann Zwiebel, Chili und den restlichen Knoblauch einrühren. Alles 5 Minuten unter Rühren braten, bis die Zwiebel weich ist, dann den gemahlenen Kreuzkümmel und den gemahlenen Koriander zufügen.

3 Fleisch und Marinade in die Pfanne geben und unter gelegentlichem Rühren 5 Minuten braten. Anschließend Tomaten, Tomatenmark, Wasser und Lorbeerblätter zufügen. Alles aufkochen, dann die Hitze reduzieren, den Topf abdecken und das Gericht 75–90 Minuten köcheln lassen, bis das Fleisch gar ist. Das fertige Rogan Josh mit Lorbeerblättern garnieren und sofort servieren.

Lammhack mit Minze

Garzeit: 30 Min. **Vorbereitung: 10 Min.** **Für 4 Personen**

NÄHRWERTANGABEN	
Kilokalorien	245
Eiweiß	21 g
Kohlenhydrate	10 g
Zucker	7 g
Fett	14 g
davon gesättigt	4 g

Minze und Lamm sind in den Küchen vieler Länder eine beliebte Kombination. Dies ist ein mild gewürztes Gericht aus Indien, zu dem man am besten Naan-Brot oder Chapatis reicht.

ZUTATEN

2 EL Sonnenblumenöl
1 Zwiebel, gehackt
1 Knoblauchzehe, fein gehackt
1 TL frisch geriebene Ingwerwurzel
1 TL gemahlener Koriander
½ TL Chilipulver
¼ TL gemahlene Kurkuma
Salz
350 g Lammhack
200 g gehackte Tomaten aus der Dose
1 EL frisch gehackte Minze
85 g frische Erbsen oder aufgetaute Tiefkühlware
2 Karotten, in Stiften
1 frische grüne Chili, entkernt und fein gehackt
1 EL frisch gehackter Koriander
frische Minzezweige, zum Garnieren

Variation

Wenn Sie statt der Dosentomaten frische Tomaten verwenden (gehäutet und gehackt), fügen Sie in Schritt 3 noch 1 Esslöffel Tomatenmark hinzu.

1 Das Öl in einer großen Pfanne oder einer Kasserolle erhitzen. Die Zwiebel zufügen und bei geringer Hitze 10 Minuten glasig dünsten, dabei gelegentlich umrühren.

2 Unterdessen Knoblauch, Ingwer, gemahlenen Koriander, Chilipulver, Kurkuma und Salz in einer Schale vermengen und in die Pfanne oder den Topf geben. 2 Minuten unter Rühren rösten, bis sie ihr Aroma entfalten. Dann das Hackfleisch zufügen und 8–10 Minuten unter Rühren braten, bis es rundum gebräunt ist und keine Klumpen mehr aufweist.

3 Tomaten, Minze, Erbsen, Karotten, Chili und frischen Koriander zufügen. Das Gemüse 3–5 Minuten unter Rühren dünsten, bis es zart, aber noch bissfest ist. Das fertige Gericht mit Minzezweigen garnieren und sofort servieren.

Tipp

Machen Sie Ihr Lammhack selbst: Kaufen Sie die entsprechende Menge entbeinter Lammkeule, entfernen Sie alles Fett, und drehen Sie das Fleisch durch den Wolf, oder zerkleinern Sie es im Mixer.

Lammfleisch chinesisch

Für 4 Personen **Vorbereitung: 15 Min.** **Garzeit: 12–15 Min.**

Chinesisches Fünf-Gewürze-Pulver, Ingwer, Soja- und Hoisin-Sauce verleihen diesem Gericht ein exotisches Flair, das auch Ihre Gäste beeindrucken wird.

NÄHRWERTANGABEN	
Kilokalorien	367
Eiweiß	36 g
Kohlenhydrate	7 g
Zucker	5 g
Fett	22 g
davon gesättigt	8 g

ZUTATEN

650 g Lammfilet
2 EL Erdnuss- oder Sonnenblumenöl
1 Zwiebel, fein gehackt
1 Knoblauchzehe, fein gehackt
175 g grüne Bohnen, halbiert
1 rote Paprika, in dünnen Streifen
1 gelbe Paprika, in dünnen Streifen
2 TL frisch geriebene Ingwerwurzel
1 TL chinesisches Fünf-Gewürze-Pulver
1 EL Hoisin-Sauce
1 EL dunkle Sojasauce
4 EL chinesischer Reiswein oder trockener Sherry

GARNIERUNG

2 EL frisch gehackter Koriander
1 EL Sesamsaat, geröstet

Variation

Wer es pikanter mag, kann in Schritt 2 mit Paprika und Ingwer 1–2 entkernte und gehackte rote Chillies zufügen. Als Beilage eignen sich gekochter Reis oder asiatische Eiernudeln.

Tipp

Reiswein und chinesisches Fünf-Gewürze-Pulver (nicht mit dem indischen Fünf-Gewürze-Pulver verwechseln) sind in gut sortierten Supermärkten oder asiatischen Lebensmittelgeschäften erhältlich.

1 Das Fleisch quer zur Faser in etwa 4 cm lange Streifen schneiden. Das Öl in einem Wok oder einer großen Pfanne erhitzen und die Fleischstreifen darin bei starker Hitze etwa 4 Minuten pfannenrühren, bis sie rundum gebräunt sind. Dann mit einem Schaumlöffel aus Wok oder Pfanne heben und auf einem Teller beiseite stellen.

2 Zwiebel, Knoblauch, Bohnen und Ingwer in den Wok oder die Pfanne geben und 5 Minuten pfannenrühren. Paprika zufügen und weitere 3 Minuten unter Rühren kochen.

3 Das Fleisch in den Wok oder die Pfanne zurückgeben. Fünf-Gewürze-Pulver, Hoisin-Sauce, Sojasauce und Reiswein oder Sherry zufügen und die Mischung unter Rühren etwa 5 Minuten kochen, bis das Fleisch gar und rundum von der Sauce überzogen ist. Das fertige Gericht mit Koriander und Sesamsaat garnieren und sofort servieren.

Schweinekoteletts mit Paprikagemüse

Für 4 Personen **Vorbereitung: 10 Min.** **Garzeit: 45 Min.**

Dieses köstliche Gericht können Sie auf dem Herd oder im Backofen zubereiten. Im ersten Fall reichen Sie am besten knuspriges Brot dazu, bei der zweiten Variante Folienkartoffeln aus dem Ofen.

ZUTATEN

1 EL Sonnenblumenöl

4 Schweinekoteletts, von Fett befreit

1 Zwiebel, gehackt

1 Knoblauchzehe, fein gehackt

1 grüne Paprika, in Streifen

1 rote Paprika, in Streifen

325 g Mais aus der Dose

1 EL frisch gehackte Petersilie

Salz und Pfeffer

Kartoffelpüree, zum Servieren

NÄHRWERTANGABEN	
Kilokalorien	286
Eiweiß	24 g
Kohlenhydrate	25 g
Zucker	11 g
Fett	11 g
davon gesättigt	3 g

Tipp

Im Backofen: Das Gericht in Schritt 3 bei 180 °C im vorgeheizten Backofen etwa 30 Minuten schmoren, bis das Fleisch gar ist. Einige Folienkartoffeln mitgaren und als Beilage reichen.

1 Das Öl in einer großen Kasserolle erhitzen. Die Koteletts portionsweise zufügen und 5 Minuten bei mittlerer Hitze unter gelegentlichem Wenden rundum braun braten. Anschließend aus der Kasserolle nehmen und auf einem Teller beiseite stellen.

2 Die Zwiebel in der Kasserolle unter gelegentlichem Rühren etwa 5 Minuten weich dünsten. Knoblauch und Paprika zufügen und weitere 5 Minuten dünsten. Dann den Mais mitsamt der Flüssigkeit aus der Dose sowie die Petersilie einrühren und alles mit Salz und Pfeffer würzen.

3 Die Koteletts in die Kasserolle zurückgeben und mit dem Gemüse bedecken. Die Kasserolle abdecken und den Inhalt etwa 30 Minuten köcheln lassen, bis das Fleisch gar ist. Das fertige Gericht sofort mit Kartoffelpüree servieren.

Schweinefilet in Paprikasahne

Garzeit: 35 Min. **Vorbereitung: 20 Min.** **Für 4 Personen**

Dieses Gericht ist ideal, wenn Sie Gäste erwarten. Sie können es im Voraus zubereiten und bis zu zwei Tage im Kühlschrank lagern. Die saure Sahne fügen Sie erst beim Aufwärmen hinzu.

NÄHRWERTANGABEN	
Kilokalorien	478
Eiweiß	38 g
Kohlenhydrate	10 g
Zucker	4 g
Fett	30 g
davon gesättigt	13 g

ZUTATEN

675 g Schweinefilet
2 EL Sonnenblumenöl
25 g Butter
1 Zwiebel, gehackt
1 EL Paprikapulver
25 g Mehl
300 ml Hühnerbrühe (siehe Seite 13) oder 1 Hühnerbrühwürfel, in 300 ml heißem Wasser aufgelöst
4 EL trockener Sherry
115 g Champignons, in Scheiben
Salz und Pfeffer
150 g saure Sahne

1

2

3

1 Das Filet in etwa 4 cm große Würfel schneiden. Öl und Butter in einem großen Topf oder einer Kasserolle erhitzen. Das Fleisch zufügen und bei mittlerer Hitze etwa 5 Minuten unter Rühren braten, bis es rundum gebräunt ist. Dann aus dem Topf nehmen und auf einem Teller beiseite stellen.

2 Die Zwiebel in den Topf geben und unter gelegentlichem Rühren etwa 5 Minuten weich dünsten. Paprikapulver und Mehl einstreuen und unter Rühren 2 Minuten anschwitzen. Dann die Brühe zugießen und unter weiterem Rühren zum Kochen bringen.

3 Das Fleisch in den Topf zurückgeben, Sherry und Pilze zufügen und alles mit Salz und Pfeffer abschmecken. Den Topf abdecken und den Inhalt 20 Minuten köcheln lassen, bis das Fleisch zart ist. Dann die saure Sahne einrühren. Die Sauce noch einmal kurz erhitzen und das fertige Gericht sofort servieren.

Tipp

Bei Paprikapulver können Sie zwischen zwei Sorten wählen: edelsüß und rosenscharf. Im Vergleich zu Cayennepfeffer sind beide recht mild. Für dieses Gericht sollten Sie edelsüßen Paprika verwenden.

Klassischer Schinkenbraten

Garzeit: 1 Std. 30 Min. **Vorbereitung: 20 Min.** **Für 4 Personen**

NÄHRWERTANGABEN	
Kilokalorien	850
Eiweiß	41 g
Kohlenhydrate	12 g
Zucker	4 g
Fett	70 g
davon gesättigt	33 g

Variation

Man kann den Sellerie durch 2 in dünne Streifen geschnittene Fenchelknollen ersetzen. Diese sorgen für einen leicht anisartigen Geschmack.

Die meisten Schmortopfgerichte werden mit Rind- oder Hühnerfleisch zubereitet. Aber auch Schweinefleisch lässt sich wunderbar schmoren, wie dieses köstliche Gericht beweist.

ZUTATEN

1 EL Sonnenblumenöl
55 g Butter
1 kg Schweinerollbraten
4 Schalotten, gehackt
6 Wacholderbeeren
2 frische Thymianzweige, plus etwas mehr zum Garnieren
150 ml trockener Cidre
150 ml Hühnerbrühe (siehe Seite 13) oder Wasser
Salz und Pfeffer
8 Selleriestangen, in Scheiben
2 EL Mehl
150 g Crème double
gekochte Erbsen, zum Servieren

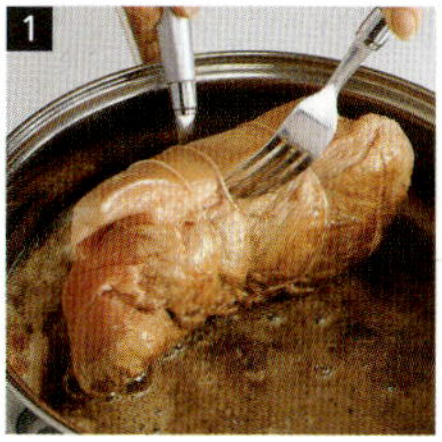

Tipp

Falls der Rollbraten zu viel sichtbares Fett aufweist, können Sie die Verschnürung öffnen und das Fett entfernen. Anschließend rollen Sie den Braten wieder auf und fixieren Ihn erneut mit Küchengarn.

1 Das Öl und die Hälfte der Butter in einem großen Topf erhitzen. Das Fleisch zufügen und bei mittlerer Hitze 5–10 Minuten rundum goldbraun anbraten. Anschließend auf einem Teller beiseite stellen.

2 Die Schalotten in den Topf geben und 5 Minuten unter Rühren weich dünsten. Dann Wacholderbeeren und Thymianzweige einrühren und den Braten mit der ausgetretenen Flüssigkeit in den Topf zurückgeben. Cidre und Brühe oder Wasser zugießen. Mit Salz und Pfeffer würzen, abdecken und 30 Minuten köcheln lassen. Dann den Braten wenden und den Sellerie zufügen. Abdecken und 40 Minuten köcheln lassen.

3 Unterdessen das Mehl mit der restlichen Butter in einer kleinen Schale vermengen. Fleisch und Sellerie auf eine Servierplatte geben und warm halten. Die Wacholderbeeren und den Thymian aus dem Topf nehmen und wegwerfen. Den Topf auf den Herd stellen und die Mehlbutter nach und nach in die köchelnde Sauce einrühren. Unter Rühren etwa 2 Minuten köcheln lassen, dann die Crème double einrühren und die Sauce erneut aufkochen. Das Fleisch in Streifen schneiden und mit einem Teil der Sauce übergießen, dann mit Thymianzweigen garnieren und mit dem Sellerie und einer Portion Erbsen servieren. Die restliche Sauce separat dazu reichen.

Schweinefleisch mit Rotkohl

Für 4 Personen **Vorbereitung: 20 Min.** **Garzeit: 2 Std.**

Schweinefleisch und Rotkohl sind wie füreinander geschaffen. In diesem Rezept werden sie sehr langsam weich gegart und ganz klassisch mit Äpfeln, Zucker und Gewürznelken verfeinert.

ZUTATEN

1 EL Sonnenblumenöl
750 g Schweinerollbraten
1 Zwiebel, fein gehackt
500 g Rotkohl, den Strunk entfernt und gehobelt
2 große Kochäpfel, geschält, entkernt und in Scheiben
3 Gewürznelken
1 TL brauner Zucker
3 EL Zitronensaft
1 dünn abgeschälter Streifen Zitronenschale
Zitronenspalten, zum Garnieren

NÄHRWERTANGABEN	
Kilokalorien	557
Eiweiß	38 g
Kohlenhydrate	16 g
Zucker	14 g
Fett	39 g
davon gesättigt	13 g

Variation

Einen etwas milderen Geschmack erhalten Sie, wenn Sie die Äpfel durch 2–3 feste Birnen ersetzen.

Tipp

Halten Sie nach einem festen, glänzenden Kohlkopf Ausschau. Die äußeren Hüllblätter dürfen ruhig ein wenig angestoßen sein, solange die darunter liegenden Schichten frisch und unbeschädigt sind.

1. Das Öl in einem großen Schmortopf erhitzen. Den Braten zugeben und bei mittlerer Hitze 5–10 Minuten rundum goldbraun anbraten, dann aus dem Topf nehmen und beiseite stellen.

2. Die Zwiebel in den Topf geben und bei geringer Hitze 5 Minuten weich dünsten. Dann portionsweise den Kohl zufügen, jeweils 2 Minuten unter Rühren dünsten, in eine Schüssel geben und beiseite stellen.

3. Apfelscheiben, Nelken und Zucker unter den Kohl rühren. Die Hälfte dieser Mischung auf dem Topfboden verteilen. Das Fleisch darauf legen und den restlich Kohl darüber geben. Alles mit Zitronensaft beträufeln und die Zitronenschale zufügen. Den Topf abdecken und den Inhalt in einem auf 160 °C vorgeheizten Backofen 1 Stunde und 30 Minuten schmoren.

4. Das Fleisch und Kohl auf einen Teller geben und warm halten. Zitronenschale entfernen. Den Bratsud bei starker Hitze aufkochen und leicht reduzieren. Den Braten in Scheiben schneiden und mit dem Kohl auf einer vorgewärmten Servierplatte anrichten. Das fertige Gericht mit dem Bratsud übergießen und mit Zitronenspalten garniert servieren.

Schweinefleisch-Gemüsepfanne

Garzeit: 15 Min. **Vorbereitung: 10 Min.** **Für 4 Personen**

NÄHRWERTANGABEN	
Kilokalorien	216
Eiweiß	19 g
Kohlenhydrate	5 g
Zucker	3 g
Fett	12 g
davon gesättigt	3 g

Variation

Das Gericht schmeckt ebenso gut, wenn Sie Hühnerbrühe statt Schweinefleischbrühe nehmen.

Ein sehr einfaches und nahrhaftes Gericht, für das nahezu jede Gemüsesorte verwendet werden kann, die Sie gerade zur Hand haben.

ZUTATEN

2 EL Pflanzenöl
2 Knoblauchzehen, zerdrückt
1-cm-Stück Ingwerwurzel, in dünnen Scheiben
350 g mageres Schweinefilet, in dünnen Scheiben
1 Karotte, in dünnen Stiften
1 rote Paprika, gewürfelt
1 Fenchelknolle, in dünnen Scheiben
25 g Wasserkastanien, halbiert
75 g Bohnensprossen
2 EL chinesischer Reiswein
300 ml Schweinefleischbrühe (siehe Tipp)
1 Prise brauner Zucker
1 TL Speisestärke
2 TL Wasser

Tipp

Für die Schweinefleischbrühe folgen Sie dem Rezept für Hühnerbrühe auf Seite 13 und ersetzen dabei Hühnerflügel und -hälse durch die gleiche Menge Schweinefleisch und -knochen.

1. Das Öl in einem heißen Wok erhitzen. Knoblauch, Ingwer und das Fleisch zugeben und dieses 1–2 Minuten von allen Seiten knusprig anbraten.

2. Karotte, Paprika, Fenchel und Wasserkastanien in den Wok geben und etwa 2–3 Minuten dünsten. Die Bohnensprossen zugeben und 1 Minute dünsten. Fleisch und Gemüse aus dem Wok nehmen und warm halten.

3. Reiswein, Brühe und Zucker in den Wok geben. Die Speisestärke mit dem Wasser glatt rühren und in die Sauce einrühren. Zum Kochen bringen und ständig rühren, bis die Sauce angedickt und klar ist.

4. Fleisch und Gemüse wieder in den Wok geben und 1–2 Minuten köcheln lassen, bis alles heiß und mit der Sauce überzogen ist. Sofort servieren.

Deftiger Schweinefleischtopf

Für 6 Personen **Vorbereitung: 15 Min.** **Garzeit: 1 Std. 20 Min.**

Dieser schmackhafte Schmortopf mit Schweinefleisch und Tomaten schmeckt mit knusprigem Brot allein schon köstlich. Ein grüner Salat als Beilage ist aber auch nicht zu verachten.

ZUTATEN

85 g Mehl

Salz und Pfeffer

1,3 kg Schweinefilet, in 5 mm dicken Scheiben

4 EL Sonnenblumenöl

2 Zwiebeln, halbiert und in dünnen Streifen

2 Knoblauchzehen

400 g gehackte Tomaten aus der Dose

350 ml Weißwein

1 EL frisch gezupftes Basilikum

2 EL frisch gehackte Petersilie

frische Petersilienzweige, zum Garnieren

NÄHRWERTANGABEN	
Kilokalorien	500
Eiweiß	48 g
Kohlenhydrate	18 g
Zucker	5 g
Fett	23 g
davon gesättigt	6 g

Variation

Verwenden Sie 6 gehäutete, entkernte und gehackte frische Tomaten anstelle der Konserve. Geben Sie diese wie angegeben mit dem Wein bei Schritt 2 zu.

1 Das Mehl auf einen Teller geben, mit Salz und Pfeffer würzen und die Fleischscheiben darin wenden; überschüssiges Mehl abschütteln. Das Öl in einem Schmortopf erhitzen. Das Fleisch zufügen und bei mittlerer Hitze 4–5 Minuten von allen Seiten anbräunen, dann mit einem Schaumlöffel auf einen Teller geben und beiseite stellen.

2 Die Zwiebelstreifen in den Topf geben und bei geringer Hitze 10 Minuten goldbraun dünsten; dabei gelegentlich umrühren. Den Knoblauch fein hacken, in den Topf geben und 2 Minuten mitdünsten. Dann Tomaten, Wein und Basilikum zufügen, alles mit Salz und Pfeffer würzen und 3 Minuten unter Rühren kochen.

3 Das Fleisch in den Topf zurückgeben, alles abdecken und 1 Stunde sanft köcheln lassen, bis das Fleisch gar und zart ist. Die Petersilie zufügen und das fertige Gericht mit Petersilienzweigen garniert sofort servieren. Als Beilage knuspriges Brot reichen.

Bratwurst-Kartoffel-Pfanne

Garzeit: 35 Min. **Vorbereitung: 15 Min.** **Für 4 Personen**

Dieses Gericht ist sehr sättigend und kann eigentlich für sich allein gereicht werden. Nach Geschmack können Sie aber auch frisches Gemüse dazu servieren.

NÄHRWERTANGABEN	
Kilokalorien	688
Eiweiß	21 g
Kohlenhydrate	44 g
Zucker	5 g
Fett	46 g
davon gesättigt	19 g

ZUTATEN

675 g fest kochende Kartoffeln, gewürfelt
25 g Butter
8 große Bratwürste
4 Scheiben geräucherter Speck
1 Zwiebel, geviertelt
1 Zucchini, in Scheiben
150 ml trockener Weißwein
300 ml Gemüsebrühe (siehe Seite 13)
1 TL Worcestersauce
2 EL frisch gehackte gemischte Kräuter
Salz und Pfeffer
frisch gehackte Kräuter, zum Garnieren

2

3

4

1 Die Kartoffeln in einem Topf mit kochendem Wasser 10 Minuten garen. Gründlich abgießen und beiseite stellen.

2 In der Zwischenzeit die Butter in einer großen Pfanne zerlassen, die Würste zugeben und 5 Minuten bei geringer Hitze rundum braun braten. Dabei häufig wenden.

3 Speck, Zwiebel, Zucchini und Kartoffeln zufügen und weitere 10 Minuten garen, dabei oft umrühren.

4 Weißwein, Brühe, Worcestersauce und die Kräuter zugeben. Mit Salz und Pfeffer abschmecken und noch 10 Minuten bei schwacher Hitze garen. Falls nötig, erneut abschmecken.

5 Auf vorgewärmten Tellern anrichten, mit frischen Kräutern bestreuen und sofort servieren.

Tipp

Mit verschiedenen Bratwurstsorten schmeckt das Gericht immer wieder anders! Eine rote statt der weißen Zwiebel lässt das Gericht noch attraktiver aussehen.

Baskischer Bohneneintopf

Für 4 Personen **Vorbereitung: 15 Min.** **Garzeit: 1 Std. 30 Min.**

Getrocknete weiße Bohnen kommen in vielen mediterranen Eintöpfen vor – besonders in den Wintermonaten. Paprika und Orange sind typisch für die spanische Variante.

ZUTATEN

200 g getrocknete weiße Bohnen, über Nacht eingeweicht
2 EL Olivenöl
600 g Schweinshaxe, ohne Knochen, in 5 cm großen Würfeln
1 große Zwiebel, in Ringen
3 große Knoblauchzehen, zerdrückt
400 g Tomaten aus der Dose, gewürfelt
2 grüne Paprika, in Streifen
abgeriebene Schale von 1 großen Orange
Salz und Pfeffer
frisch gehackte Petersilie, zum Garnieren

NÄHRWERTANGABEN	
Kilokalorien	352
Eiweiß	39 g
Kohlenhydrate	24 g
Zucker	1 g
Fett	12 g
davon gesättigt	2 g

Variation

Sind Bohnen und Paprika übrig geblieben, können sie für eine Nudelsauce verwendet werden. Einige Scheiben gebratene Chorizo zufügen.

Tipp

Wenn es einmal schnell gehen soll, können Sie dieses Gericht auch mit weißen Bohnen aus der Dose zubereiten. Bedenken Sie jedoch, dass diese leicht gezuckert oder gesalzen sein können.

1 Die Bohnen abgießen, in einen Topf geben und mit Wasser bedecken. Zum Kochen bringen und 10 Minuten sprudelnd kochen. Die Hitze reduzieren und 20 Minuten köcheln lassen. Die Bohnen abgießen.

2 Den Boden einer Pfanne dünn mit Olivenöl ausgießen. Das Öl bei mittlerer Hitze erwärmen und darin das Fleisch portionsweise von allen Seiten anbraten und beiseite stellen.

3 Falls nötig noch etwas Olivenöl zufügen und die Zwiebel 3 Minuten darin dünsten. Den Knoblauch unterrühren und weitere 2 Minuten dünsten. Alles Fleisch zurück in die Pfanne geben.

4 Die Tomaten zugeben und alles aufkochen. Die Hitze reduzieren, Paprika, Orangenschale und Bohnen zufügen, mit Salz und Pfeffer abschmecken. Alles in eine Kasserolle umfüllen, abdecken und in einem auf 180 °C vorgeheizten Backofen 45 Minuten schmoren, bis Bohnen und Fleisch schön zart sind. Mit Petersilie garnieren und servieren.

Deftiger Fleisch- & Wursteintopf

Garzeit: 1 Std. 20 Min. **Vorbereitung: 15 Min.** **Für 4 Personen**

Mit diesem herzhaften Reiseintopf werden Sie Ihre ganze Familie beigeistern. Er bereitet Ihnen nicht viel Arbeit, denn das Garen übernimmt Ihr Backofen.

NÄHRWERTANGABEN	
Kilokalorien	575
Eiweiß	36 g
Kohlenhydrate	40 g
Zucker	7 g
Fett	31 g
davon gesättigt	11 g

Variation

Statt der geräucherten Wurst können Sie auch frische verwenden. Diese sollten Sie jedoch zusammen mit dem Fleisch in Schritt 1 anbraten.

ZUTATEN

- **2 EL Sonnenblumenöl**
- **25 g Butter**
- **450 g Schweinefilet oder -lende, in Streifen**
- **1 große Zwiebel, gehackt**
- **1 rote Paprika, in Streifen**
- **1 orangefarbene Paprika, in Streifen**
- **115 g Champignons, in Scheiben**
- **140 g Langkornreis**
- **425 ml Rindfleischbrühe (siehe Seite 13)**
- **225 g Räucherwurst, in Scheiben**
- **¼ TL gemahlener Piment**
- **Salz und Pfeffer**
- **2 EL frisch gehackte Petersilie, zum Garnieren**

1

2

3

1 Öl und Butter in einem großen backofenfesten Topf erhitzen. Das Fleisch zufügen und bei mittlerer Hitze unter Rühren etwa 5 Minuten rundum anbraten. Dann auf einen Teller geben und beiseite stellen.

2 Die Zwiebel in den Topf geben und unter Rühren etwa 5 Minuten weich dünsten. Die Paprika zufügen und weitere 4–5 Minuten unter Rühren dünsten, dann die Pilze zugeben und 1 Minute mitdünsten. Den Reis einrühren und ebenfalls 1 Minute unter Rühren dünsten. Dann die Brühe zugießen und zum Kochen bringen.

3 Das Fleisch in den Topf zurückgeben. Wurst sowie Piment zufügen und alles mit Salz und Pfeffer würzen. Fleisch, Reis und Gemüse vermengen, dann abdecken und bei 180 °C im vorgeheizten Backofen etwa 1 Stunde schmoren, bis der Reis die gesamte Flüssigkeit aufgesogen hat und das Fleisch gar ist. Das fertige Gericht mit Petersilie garnieren und sofort servieren.

Tipp

Sie können jede Art von Räucherwurst verwenden. Den Grad der Würze bestimmt Ihr Geschmack. Greifen Sie zu milden oder pikanten Salami-Sorten, spanischer Kabanossi oder deutscher Mettwurst.

Bratwursttopf mit Linsen

Für 4 Personen **Vorbereitung: 10 Min.** **Garzeit: 25 Min.**

Dieses ungewöhnliche Gericht kombiniert die Vorzüge von Suppe und Eintopf. Die Zutaten, die Sie nach Belieben variieren können, befinden sich häufig im Vorratsschrank.

ZUTATEN

1 EL Sonnenblumenöl
225 g gewürzte Bratwurst, in Scheiben
115 g Räucherspeck ohne Schwarte, gewürfelt
1 Zwiebel, gehackt
6 EL passierte Tomaten
425 ml Rindfleischbrühe (siehe Seite 13)
600 g Linsen aus der Dose, abgespült und abgetropft
½ TL Paprikapulver
2 TL Rotweinessig
Salz und Pfeffer
frische Thymianzweige, zum Garnieren

NÄHRWERTANGABEN	
Kilokalorien	428
Eiweiß	23 g
Kohlenhydrate	23 g
Zucker	5 g
Fett	28 g
davon gesättigt	10 g

Variation

Ersetzen Sie die Linsen durch andere Hülsenfrüchte aus der Dose, oder verwenden Sie anstelle der Bratwurst geräucherte Makrelen.

1 Das Öl in einem großen Topf erhitzen. Bratwurst und Speck zufügen und bei mittlerer Hitze unter Rühren etwa 5 Minuten braten, bis der Speck knusprig wird. Dann Wurst und Speck auf einem Teller beiseite stellen.

2 Die Zwiebel in den Topf geben und unter gelegentlichem Rühren etwa 5 Minuten weich dünsten. Tomaten, Brühe und Linsen zufügen, dann die Hitze reduzieren und alles etwa 10 Minuten köcheln lassen.

3 Wurst und Speck in den Topf zurückgeben. Paprikapulver und Essig einrühren und alles mit Salz und Pfeffer würzen. Das Gericht einige Minuten erwärmen, dann mit Thymianzweigen garnieren und servieren.

Tortilla mit Porree & Chorizo

Garzeit: 15 Min. **Vorbereitung: 5 Min.** **Für 2 Personen**

Mit einem grünen Salat serviert, ergibt dieses schmackhafte spanische Omelett ein wunderbar leichtes Mittag- oder Abendessen, das im Handumdrehen zubereitet ist.

NÄHRWERTANGABEN	
Kilokalorien	540
Eiweiß	33 g
Kohlenhydrate	10 g
Zucker	9 g
Fett	42 g
davon gesättigt	12 g

ZUTATEN

115 g Chorizo

2 EL Olivenöl

4 Porreestangen, in dünnen Ringen

½ rote Paprika, gewürfelt

6 Eier

Salz und Pfeffer

Variation

Bestreuen Sie die Tortilla gegen Ende von Schritt 2 mit 55 g geriebenem Gouda, und braten Sie sie 2 Minuten auf mittlerer Schiene unter dem Grill.

1 Die Chorizo schräg in Scheiben schneiden. Das Öl in einer Pfanne erhitzen und den Porree darin etwa 5 Minuten dünsten; dabei gelegentlich umrühren. Paprika und Chorizo zufügen und weitere 5 Minuten dünsten.

2 In einer Schale die Eier verquirlen und mit Salz und Pfeffer würzen. In die Pfanne gießen und einige Sekunden stocken lassen. Die gestockte Masse mit einem Palettmesser vom Pfannenrand lösen; dabei die Pfanne leicht schräg halten, damit die noch flüssige Eimasse an den Rand der Pfanne rinnt. Die Tortilla muss so lange braten, bis sie an der Unterseite vollständig gestockt ist.

3 Die Pfanne vom Herd nehmen und mit einem flachen Deckel oder einem Teller abdecken. Deckel oder Teller gut festhalten und mit der Pfanne wenden, um die Tortilla zu stürzen. Die gestürzte Tortilla in die Pfanne zurückgleiten lassen und weitere 2 Minuten braten, bis auch die Eimasse auf der Oberseite gestockt ist. Die fertige Tortilla auf einen Servierteller geben und in Kuchenstücke aufgeschnitten servieren.

Brunswick Stew

Für 6 Personen **Vorbereitung: 15 Min.** **Garzeit: 1 Std. 20 Min.**

Das zart-würzige Aroma dieses herzhaften amerikanischen Hühnerfleischeintopfs ist unwiderstehlich. Als Beilage eignen sich Vollkornbrot und ein grüner Salat.

NÄHRWERTANGABEN	
Kilokalorien	670
Eiweiß	46 g
Kohlenhydrate	37 g
Zucker	14 g
Fett	36 g
davon gesättigt	11 g

ZUTATEN

1,8 kg Hühnerteile
Salz
2 EL Paprikapulver
2 EL Olivenöl
25 g Butter
450 g Zwiebeln, gehackt
2 gelbe Paprika, gewürfelt
400 g gehackte Tomaten aus der Dose
225 ml trockener Weißwein
450 ml Hühnerbrühe (siehe Seite 13)
1 EL Worcestersauce
¼ TL Tabasco
1 EL frisch gehackte Petersilie
325 g Mais aus der Dose, abgetropft
425 g weiße Bohnen aus der Dose, abgespült und abgetropft
2 EL Mehl
4 EL Wasser
frische Petersilienzweige, zum Garnieren

Variation

Sollte es Ihnen für die Zubereitung der Hühnerbrühe an Zeit fehlen, können Sie das Stew auch mit einfachem Wasser zubereiten.

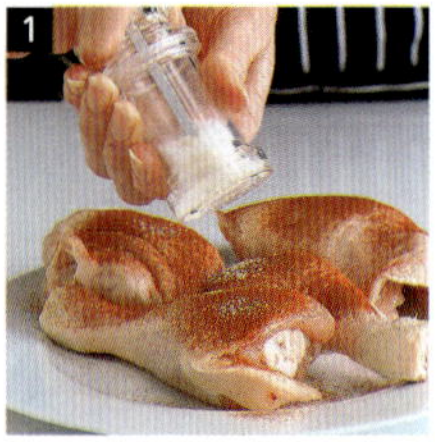

Tipp

Falls Sie ein Stew mit frischen Tomaten anstelle der Dosenware zubereiten wollen, fügen Sie ihm zusätzlich 1 Esslöffel Tomatenmark hinzu, damit es ausreichend Geschmack erhält.

1 Die Hühnerteile salzen und mit dem Paprikapulver bestäuben.

2 Öl und Butter in einem großen Topf erhitzen. Die Hühnerteile darin bei mittlerer Hitze 10–12 Minuten goldbraun anbraten; dabei gelegentlich wenden. Dann aus dem Topf nehmen und auf einem Teller beiseite stellen.

3 Zwiebeln und Paprika in den Topf geben und bei geringer Hitze unter gelegentlichem Rühren etwa 5 Minuten weich dünsten. Dann Tomaten, Wein, Brühe, Worcestersauce, Tabasco und Petersilie zufügen. Unter Rühren zum Kochen bringen. Die Hühnerteile in den Topf geben, abdecken und 30 Minuten unter gelegentlichem Rühren köcheln lassen.

4 Mais und Bohnen zufügen. Den Topf halb aufdecken und den Inhalt weitere 30 Minuten köcheln lassen. Mehl und Wasser in einer kleinen Schale zu einer Paste verrühren und mit 1 Kelle des heißen Kochsuds verquirlen. Diese Mischung in den Topf gießen. Den Sud unter Rühren aufkochen, bis er leicht eindickt, und das fertige Gericht mit Petersilie garniert servieren.

Poule provençale

Garzeit: 1 Std. **Vorbereitung: 20 Min.** **Für 4 Personen**

NÄHRWERTANGABEN	
Kilokalorien	770
Eiweiß	60 g
Kohlenhydrate	9 g
Zucker	4 g
Fett	52 g
davon gesättigt	13 g

Variation

Wer ein etwas kräftigeres Aroma bevorzugt, kann dem Gericht mit den Pilzen in Schritt 2 zusätzlich eine zerdrückte Knoblauchzehe hinzufügen.

Dieses appetitliche Gericht verbindet die köstlichsten Aromen der südfranzösischen Küche – Oliven, Knoblauch, Tomaten und Oregano – zu einem harmonischen Ganzen.

ZUTATEN

1,8 kg Hühnerteile
Salz und Pfeffer
1 Knoblauchzehe, halbiert
3 EL Olivenöl
1 Zwiebel, fein gehackt
225 g Champignons, halbiert
1 EL Mehl
125 g Hühnerbrühe (siehe Seite 13)
175 ml trockener Weißwein
6 Sardellenfilets aus der Dose, abgetropft
3 Tomaten, gehäutet, entkernt und gehackt
2 TL frisch gehackter Oregano
6 schwarze Oliven, entsteint

Tipp

Garen Sie Hühnerfleisch stets sorgfältig durch. Für eine Garprobe das Fleisch an der dicksten Stelle einstechen. Erst wenn klarer Bratensaft austritt, ist es gar. Ansonsten muss es weiterkochen.

1 Die Hühnerteile rundum salzen, pfeffern und mit den Knoblauchhälften einreiben. Das Öl in einem großen Topf erhitzen und die Hühnerteile darin bei mittlerer Hitze 8–10 Minuten anbraten; dabei gelegentlich wenden. Die Zwiebel zufügen, den Topf abdecken und das Fleisch bei geringer Hitze 20–25 Minuten schmoren, bis es gar ist.

2 Die Hühnerteile auf einen großen Servierteller geben, abdecken und warm halten. Die Champignons in den Topf geben und bei mittlerer Hitze 3 Minuten unter Rühren dünsten. Dann das Mehl zufügen und 1 Minute anschwitzen. Brühe und Wein zugießen, aufkochen und 10 Minuten unter Rühren köcheln lassen, bis die Sauce eingedickt ist.

3 4 Sardellenfilets grob hacken, mit Tomaten, Oregano und Oliven zur Sauce geben und 5 Minuten köcheln lassen. Unterdessen die beiden restlichen Sardellenfilets der Länge nach halbieren. Die fertige Sauce über die beiseite gestellten Hühnerteile gießen. Das Fleisch mit den halbierten Sardellenfilets garnieren und sofort servieren.

Coq au vin

Für 4 Personen **Vorbereitung: 20 Min.** **Garzeit: 1 Std. 15 Min.**

Die klassischen Schmorgerichte sind meist auch die schmackhaftesten. Das beliebte Coq au vin *bildet da keine Ausnahme. Als Beilage eignen sich Baguette oder Knoblauchbrot.*

ZUTATEN

55 g Butter
2 EL Olivenöl
1,8 kg Hühnerteile
115 g Räucherspeck ohne Schwarte, in Streifen
115 g Perlzwiebeln, geschält
115 g braune Champignons, halbiert
2 Knoblauchzehen, fein gehackt
2 EL Weinbrand
225 ml Rotwein
300 ml Hühnerbrühe (siehe Seite 13)
1 Bouquet garni
Salz und Pfeffer
2 EL Mehl
Lorbeerblätter, zum Garnieren

NÄHRWERTANGABEN	
Kilokalorien	966
Eiweiß	62 g
Kohlenhydrate	11 g
Zucker	2 g
Fett	69 g
davon gesättigt	24 g

Variation

Sie können anstelle des Rotweins auch einen kräftigen Weißwein verwenden, z. B. einen Chardonnay.

Tipp

Man kann dieses Gericht auch im Backofen zubereiten. Garen Sie es dazu in Schritt 2 nach dem Aufkochen des Suds für etwa 1 Stunde bei 160 °C im vorgeheizten Backofen.

1 Die Hälfte der Butter mit dem Olivenöl in einer großen Kasserolle erhitzen. Die Hühnerteile darin bei mittlerer Hitze 8–10 Minuten goldbraun anbraten; dabei gelegentlich wenden. Dann Speck, Zwiebeln, Pilze und Knoblauch zufügen.

2 Den Weinbrand in die Kasserolle gießen und mit einem Streichholz oder Feuerzeug vorsichtig entzünden. Sobald die Flammen erloschen sind, Wein, Brühe und Bouquet garni zufügen und alles mit Salz und Pfeffer würzen. Den Sud aufkochen, dann die Hitze reduzieren und das Fleisch etwa 1 Stunde köcheln lassen, bis es gar ist. Unterdessen die restliche Butter mit dem Mehl in einer kleinen Schale vermengen.

3 Das Bouquet garni aus der Kasserolle nehmen und wegwerfen. Die Hühnerteile auf einen großen Teller legen und warm halten. Nach und nach die Mehlbutter unter den Kochsud rühren. Den Sud aufkochen, bis er leicht angedickt ist, dann die Hühnerteile in die Kasserolle zurückgeben und in der Sauce wälzen. Das fertige Gericht mit Lorbeerblättern garnieren und sofort servieren.

Poule bonne femme

Für 4 Personen **Vorbereitung: 15 Min.** **Garzeit: 1 Std. 15 Min.**

Frei übersetzt handelt es sich bei diesem Gericht um eine Poularde nach Großmutter-Art. Der Zusatz bonne femme *verweist in der französischen Küche stets auf eine deftige rustikale Speise.*

ZUTATEN

1,8 kg küchenfertige Poularde
Salz und Pfeffer
55 g Butter
675 g Perlzwiebeln, geschält
675 g neue Kartoffeln
6 Scheiben Speck ohne Schwarte, gewürfelt
1 Bouquet garni

NÄHRWERTANGABEN	
Kilokalorien	1029
Eiweiß	66 g
Kohlenhydrate	41 g
Zucker	12 g
Fett	68 g
davon gesättigt	25 g

Tipp

Falls Sie dieses Gericht zu einem besonderen Anlass servieren, garnieren Sie die Poularde an der Halsöffnung mit einigen frischen Thymianzweigen und Lorbeerblättern.

1 Die Poularde innen und außen mit kaltem Wasser abspülen, dann mit Küchenpapier trockentupfen und gut mit Salz und Pfeffer würzen. Die Butter in einem backofenfesten Topf zerlassen und die Poularde darin bei mittlerer Hitze 8–10 Minuten anbraten; dabei gelegentlich wenden. Anschließend auf einem Teller beiseite stellen.

2 Perlzwiebeln, Kartoffeln und Speck in den Topf geben und bei geringer Hitze unter gelegentlichem Rühren dünsten, bis sich die Kartoffeln goldbraun verfärben und die Zwiebeln weich werden.

3 Die Poularde in den Topf zurückgeben und das Bouquet garni zufügen. Den Topf abdecken und etwa 1 Stunde bei 180 °C im vorgeheizten Backofen braten, bis das Fleisch gar ist. Dann das Bouquet garni entfernen, die Poularde mit Gemüse und Speck auf einer vorgewärmten Servierplatte anrichten und sofort servieren.

Pollo alla cacciatora

Garzeit: 1 Std. 20 Min. **Vorbereitung: 15 Min.** **Für 4 Personen**

Gerichte nach Jäger-Art sind immer wärmend und sättigend – so auch dieser italienische Hühnertopf, denn alla cacciatora *heißt übersetzt: nach Jäger-Art.*

NÄHRWERTANGABEN	
Kilokalorien	406
Eiweiß	39 g
Kohlenhydrate	10 g
Zucker	7 g
Fett	21 g
davon gesättigt	5 g

ZUTATEN

3 EL Olivenöl
1,8 kg Hühnerteile ohne Haut
2 rote Zwiebeln, in Ringen
2 Knoblauchzehen, fein gehackt
400 g gehackte Tomaten aus der Dose
2 EL frisch gehackte glatte Petersilie
1 EL Pesto rosso
150 ml Rotwein
6 frische Basilikumblätter
Salz und Pfeffer
frische Basilikumzweige, zum Garnieren

1

2

3

1 Das Öl in einem backofenfesten Topf erhitzen. Die Hühnerteile zufügen und bei mittlerer Hitze 5–10 Minuten unter Wenden goldbraun anbraten. Aus dem Topf nehmen und auf einem Teller beiseite stellen.

2 Zwiebeln und Knoblauch in den Topf geben und bei geringer Hitze 10 Minuten unter gelegentlichem Rühren goldbraun und weich dünsten. Tomaten, Petersilie, Pesto und Wein zufügen und die Basilikumblätter über das Gericht zupfen. Dann alles mit Salz und Pfeffer würzen.

3 Die Mischung aufkochen, dann die Hühnerteile in den Topf zurückgeben und sorgfältig in der Sauce wälzen. Den Topf abdecken und etwa 1 Stunde bei 160 °C im vorgeheizten Backofen schmoren, bis das Fleisch gar ist. Das fertige Gericht mit Basilikumzweigen garnieren und sofort servieren.

Tipp

Klassische italienische Beilagen zu diesem Hühnertopf sind frisch gekochte Nudeln, wie Penne oder Tagliatelle, sowie ein Tomaten-Oliven-Salat.

Huhn nach Südstaaten-Art

Für 4 Personen **Vorbereitung: 20 Min.** **Garzeit: 1 Std. 15 Min.**

Den Schärfegrad dieses amerikanischen Klassikers können Sie ganz einfach variieren, indem Sie dem Gericht mehr oder weniger Chillies zufügen und es vor dem Servieren mit etwas Tabasco verfeinern.

NÄHRWERTANGABEN	
Kilokalorien	573
Eiweiß	38 g
Kohlenhydrate	18 g
Zucker	6 g
Fett	40 g
davon gesättigt	9 g

ZUTATEN

5 EL Sonnenblumenöl
4 Hühnerteile
55 g Mehl
1 Zwiebel, gehackt
2 Selleriestangen, in Scheiben
1 grüne Paprika, gewürfelt
2 Knoblauchzehen, fein gehackt
2 TL frisch gehackter Thymian
2 frische rote Chillies, entkernt und fein gehackt
400 g gehackte Tomaten aus der Dose
300 ml Hühnerbrühe (siehe Seite 13)
Salz und Pfeffer

GARNIERUNG

Feldsalat
frische Thymianblätter

Variation

Ersetzen Sie die Hühnerteile durch Garnelen oder Langusten. Rohe braten Sie in Schritt 1 an und geben sie kurz vor Ende der Garzeit in den Topf zurück.

Tipp

Entscheidend für das Gelingen dieses Gerichts ist der Roux (die Mehl-Öl-Mischung in Schritt 2). Er sollte die Farbe von Erdnussbutter annehmen, darf aber nur ganz sanft angebraten werden, da er sonst verbrennt.

1 Das Öl in einem großen Topf erhitzen. Die Hühnerteile zufügen und bei mittlerer Hitze 5–10 Minuten unter Wenden goldbraun anbraten. Anschließend auf einem Teller beiseite stellen.

2 Das Mehl in das im Topf verbliebene Öl einrühren und bei geringer Hitze 15 Minuten goldbraun anschwitzen; dabei ständig rühren und darauf achten, dass das Mehl nicht anbrennt. Dann Zwiebel, Sellerie und Paprika zufügen und 2 Minuten unter Rühren dünsten. Anschließend Knoblauch, Thymian und Chillies in den Topf geben und 1 Minute mitdünsten.

3 Die Tomaten einrühren und die Brühe zugießen. Die Hühnerteile in den Topf zurückgeben, abdecken und 45 Minuten in der Sauce köcheln lassen, bis sie gar sind. Das fertige Gericht mit Salz und Pfeffer würzen, auf vorgewärmte Teller verteilen und mit Feldsalat sowie Thymianblättern garniert servieren.

Huhn in Weißwein

Garzeit: 1 Std. 50 Min. **Vorbereitung: 20 Min.** **Für 4 Personen**

NÄHRWERTANGABEN	
Kilokalorien	894
Eiweiß	60 g
Kohlenhydrate	8 g
Zucker	2 g
Fett	63 g
davon gesättigt	21 g

Variation

Statt des Bouquet garni können Sie auch ein kleines Bund frischen Thymian verwenden. Nehmen Sie dann für die Garnierung frisch gehackte glatte Petersilie anstelle der Kräuterzweige.

Dieses Gericht ist eng verwandt mit dem französischen Klassiker Coq au vin *(Seite 100). Obwohl weniger bekannt, schmeckt es ebenso köstlich, vor allem mit Reis oder Kartoffeln serviert.*

ZUTATEN

- **2 dicke Scheiben durchwachsener Speck ohne Schwarte**
- **115 g Perlzwiebeln**
- **55 g Butter**
- **2 EL Olivenöl**
- **1 Knoblauchzehe, fein gehackt**
- **1,8 kg Hühnerteile**
- **400 ml trockener Weißwein**
- **300 ml Hühnerbrühe (siehe Seite 13)**
- **1 Bouquet garni**
- **Salz und Pfeffer**
- **115 g kleine Champignons**
- **25 g Mehl**
- **frische Kräuterzweige, zum Garnieren**

Tipp

Ist Ihr Topf zu klein, um die Mehlbutter in Schritt 3 einzurühren, nehmen Sie alle festen Zutaten aus dem Topf, halten sie warm, und übergießen Sie sie vor dem Servieren mit der fertigen Sauce.

1 Den Speck würfeln und die Zwiebeln schälen. Die Hälfte der Butter mit dem Öl in einer backofenfesten Kasserolle erhitzen. Den Speck zufügen und bei mittlerer Hitze 5–10 Minuten unter Rühren goldbraun anbraten, dann auf einem Teller beiseite stellen. Zwiebeln und Knoblauch in die Kasserolle geben und 10 Minuten bei geringer Hitze unter gelegentlichem Rühren goldbraun andünsten, dann ebenfalls auf einen Teller geben. Die Hühnerteile in die Kasserolle geben, bei mittlerer Hitze etwa 8–10 Minuten rundum goldbraun anbraten und dann auf einem Teller beiseite stellen.

2 Das Fett aus der Kasserolle abgießen. Wein und Brühe zufügen und unter Rühren aufkochen; dabei Bratrückstände am Topfboden lösen. Das Bouquet garni zugeben, mit Salz und Pfeffer würzen und die beiseite gestellten Zutaten in die Kasserolle zurückgeben. Alles abdecken und bei 160 °C im vorgeheizten Backofen 1 Stunde schmoren. Dann die Pilze zufügen und abgedeckt weitere 15 Minuten schmoren. Unterdessen die restliche Butter mit dem Mehl in einer kleinen Schale vermengen.

3 Die Kasserolle aus dem Backofen nehmen und auf dem Herd warm halten. Das Bouquet garni entfernen und die Mehlbutter einrühren. Noch einmal unter Rühren aufkochen, dann mit Kräutern garniert servieren.

Scharfes indisches Chili-Huhn

Garzeit: 40 Min. **Vorbereitung: 20 Min.** **Für 4 Personen**

NÄHRWERTANGABEN	
Kilokalorien	290
Eiweiß	36 g
Kohlenhydrate	10 g
Zucker	8 g
Fett	12 g
davon gesättigt	3 g

Variation

Falls Sie diesem Gericht etwas Schärfe nehmen möchten, bereiten Sie es mit Ancho- oder Anaheim-Chillies zu, die Sie vor der Verwendung entkernen.

Dieses feurige Curry-Gericht ist ein Leckerbissen für alle Liebhaber der scharfen Küche. Die hier verwendete Chilipaste kann von Hand in einem Mörser zerstoßen werden, schneller und leichter jedoch ist die Zubereitung im Mixer oder mit der Küchenmaschine.

ZUTATEN

2 frische grüne Chillies, gehackt
5 getrocknete rote Chillies
2 EL Tomatenmark
2 Knoblauchzehen, zerdrückt
1 EL Currypaste
1 TL Chilipulver
1 Prise Zucker
Salz
2 EL Erdnuss- oder Sonnenblumenöl
½ TL Kreuzkümmelsamen
1 Zwiebel, gehackt
2 Curryblätter
1 TL gemahlener Kreuzkümmel
1 TL gemahlener Koriander
½ TL gemahlene Kurkuma
400 g gehackte Tomaten aus der Dose
150 ml Hühnerbrühe (siehe Seite 13)
4 Hähnchenbrustfilets
1 TL Garam Masala

ZUM SERVIEREN

gekochter Reis
Naturjoghurt

1

3

4

Tipp

Garam Masala ist eine indische Gewürzmischung. Indische Köche stellen sie normalerweise selbst zusammen. Fertige Mischungen sind in asiatischen Lebensmittelgeschäften erhältlich.

1 Sämtliche Chillies, Tomatenmark, Knoblauch, Currypaste, Chilipulver, Zucker und etwas Salz im Mixer zu einer glatten Paste pürieren.

2 Das Öl in einer großen Pfanne erhitzen. Die Kreuzkümmelsamen zufügen und bei mittlerer Hitze unter Rühren etwa 2 Minuten anrösten, bis sie aufplatzen und ihr Aroma entfalten. Dann Zwiebel und Curryblätter zugeben und 5 Minuten unter Rühren dünsten.

3 Die Chilipaste in die Pfanne geben und 2 Minuten mitdünsten. Dann Kreuzkümmel, Koriander und Kurkuma zufügen und weitere 2 Minuten dünsten.

4 Die Tomaten in die Pfanne geben und die Brühe zugießen. Aufkochen, dann die Hitze reduzieren und die Sauce 5 Minuten köcheln lassen. Anschließend die Hähnchenbrustfilets und Garam Masala zufügen. Die Pfanne abdecken und den Inhalt weitere 20 Minuten sanft köcheln lassen, bis das Fleisch gar ist. Das fertige Gericht sofort mit Reis und Joghurt als Beilage servieren.

Hähnchen Jalfresi

Für 4 Personen **Vorbereitung: 15 Min.** **Garzeit: 30 Min.**

Dieses Gericht lässt sich gut mit Resten von gegrilltem Hühnerfleisch zubereiten. Die Sauce passt auch gut zu Lamm oder Rindfleisch.

NÄHRWERTANGABEN	
Kilokalorien	270
Eiweiß	36 g
Kohlenhydrate	7 g
Zucker	3 g
Fett	11 g
davon gesättigt	2 g

ZUTATEN

½ TL Kreuzkümmelsamen
½ TL Koriandersamen
1 TL Senföl
3 EL Pflanzenöl
1 große Zwiebel, fein gehackt
3 Knoblauchzehen, zerdrückt
1 EL Tomatenmark
2 Tomaten, gehäutet und gehackt
1 TL Kurkuma
½ TL Chilipulver
½ TL Garam Masala
1 TL Rotweinessig
1 kleine rote Paprika, gehackt
125 g tiefgefrorene dicke Bohnen, aufgetaut
500 g Hähnchenbrustfilet, gekocht und in mundgerechten Stücken
Salz
frische Korianderzweige, zum Garnieren

Variation

Falls erhältlich, können Sie das Gericht mit frischen Bohnen zubereiten. Eilige ersetzen Kreuzkümmel- und Koriandersamen durch vorgemahlene Gewürze.

1

2

3

Tipp

Zu der hier vorgestellten Sauce passt mageres Puten- oder Schweinefleisch ebenso gut wie Huhn. Die Kochzeit ist bei beiden Fleischsorten gleich.

1 Die Kreuzkümmel- und Koriandersamen in einem Mörser gut zerstoßen und anschließend beiseite stellen. Das Senföl in einer großen Pfanne etwa 1 Minute sehr stark erhitzen, bis es zu rauchen beginnt. Das Pflanzenöl zugeben. Die Hitze reduzieren, dann Zwiebel und Knoblauch zufügen und goldbraun braten.

2 Tomatenmark, Tomaten, Kurkuma, Kreuzkümmel, Koriander, Chilipulver, Garam Masala und Rotweinessig in die Pfanne geben und unter Rühren anrösten, bis die Gewürze ihr volles Aroma entfalten.

3 Paprika und Bohnen in die Pfanne geben und 2 Minuten unter Rühren dünsten, bis die Paprika weich ist. Das Hühnerfleisch zufügen, und gut mit den anderen Zutaten verrühren. Mit Salz abschmecken. Das Gericht weitere 6–8 Minuten garen, bis das Fleisch vollständig erhitzt ist und die Bohnen gar sind. Das fertige Hähnchen Jalfresi mit Korianderzweigen garnieren und sofort servieren.

Pasanda-Huhn

Für 4 Personen **Vorbereitung: 3 Std. 20 Min.** **Garzeit: 25 Min.**

Dieses balinesische Gericht wird traditionell in einer Wok-ähnlichen Pfanne, dem so genannten karahi *zubereitet und serviert. Eine große, schwere Pfanne erfüllt den gleichen Zweck.*

ZUTATEN

- **4 Kardamomkapseln**
- **6 schwarze Pfefferkörner**
- **½ Zimtstange**
- **½ TL Kreuzkümmelsamen**
- **2 TL Garam Masala**
- **1 TL Chilipulver**
- **1 TL frisch geriebene Ingwerwurzel**
- **1 Knoblauchzehe, sehr fein gehackt**
- **4 EL Naturjoghurt**
- **Salz**
- **675 g entbeintes und gehäutetes Hühnerfleisch, gewürfelt**
- **5 EL Erdnussöl**
- **2 Zwiebeln, fein gehackt**
- **3 frische grüne Chillies, entkernt und gehackt**
- **2 EL frisch gehackter Koriander**
- **125 g Schlagsahne**
- **frische Korianderzweige, zum Garnieren**

NÄHRWERTANGABEN	
Kilokalorien	426
Eiweiß	41 g
Kohlenhydrate	8 g
Zucker	7 g
Fett	26 g
davon gesättigt	7 g

Variation

Falls kein Erdnussöl erhältlich ist, können Sie für dieses Gericht auch Sonnenblumenöl verwenden.

Tipp

Wird dieses Gericht auf traditionelle Weise serviert, reicht man als Beilage indisches Naan-Brot. Von diesem reißt jeder Gast große Stücke ab, mit denen er kleine Portionen direkt aus dem Topf aufnimmt.

1 Kardamomkapseln, Pfefferkörner, Zimtstange, Kreuzkümmelsamen, Garam Masala, Chilipulver, Ingwer, Knoblauch, Joghurt und 1 Prise Salz in eine metallfreie Schüssel geben. Die Fleischwürfel zufügen und gründlich in der Würzsauce wälzen. Dann abdecken und 2–3 Stunden im Kühlschrank marinieren.

2 Das Öl in einem vorgewärmten Wok oder Karahi erhitzen. Die Zwiebeln zufügen und bei geringer Hitze 5 Minuten unter gelegentlichem Rühren weich dünsten. Dann das Hühnerfleisch mitsamt der Marinade zugeben und bei mittlerer Hitze 15 Minuten unter Rühren braten, bis das Fleisch gar ist.

3 Chillies und Koriander einrühren und die Sahne zugießen. Alles gut vermengen und sanft erhitzen, aber nicht aufkochen. Das fertige Gericht mit frischen Korianderzweigen garnieren und sofort servieren.

Putenbrust auf mexikanische Art

Garzeit: 1 Std. 10 Min. **Vorbereitung: 15 Min.** **Für 4 Personen**

Die Sauce für dieses Gericht wird – auf den ersten Blick etwas unkonventionell – mit Schokolade verfeinert. Aber sie sorgt für das gewisse Etwas. Zimt, ein häufiger Bestandteil mexikanischer Schokolade, wird hier separat zugefügt.

NÄHRWERTANGABEN	
Kilokalorien	355
Eiweiß	38 g
Kohlenhydrate	25 g
Zucker	14 g
Fett	13 g
davon gesättigt	3 g

Variation

Sie können dieses Gericht auch mit 675 g magerem Rindfleisch zubereiten. Die Garzeit verlängert sich in diesem Fall um 15 Minuten.

ZUTATEN

- **55 g Mehl**
- **Salz und Pfeffer**
- **4 Putenbrustfilets**
- **3 EL Maiskeimöl**
- **1 Zwiebel, in dünnen Ringen**
- **1 rote Paprika, in Streifen**
- **300 ml Hühnerbrühe (siehe Seite 13)**
- **25 g Sultaninen**
- **4 Tomaten, geschält, entkernt und gewürfelt**
- **1 TL Chilipulver**
- **½ TL Zimt**
- **1 Prise gemahlener Kreuzkümmel**
- **25 g Bitterschokolade, fein gehackt oder gerieben**
- **frisch gehackter Koriander, zum Garnieren**

1

3

3

Tipp

Die Qualität der Sauce hängt stark von der Güte der verwendeten Schokolade ab. Für ein optimales Ergebnis sollten Sie Bitterschokolade mit einem Kakaoanteil von mindestens 70 % verwenden.

1 Das Mehl auf einem Teller verteilen und mit Salz und Pfeffer würzen. Die Putenbrustfilets darin wälzen, eventuell überschüssiges Mehl anschließend abschütteln.

2 Das Öl in einer backofenfesten Kasserolle erhitzen und die Putenbrustfilets darin bei mittlerer Hitze 5–10 Minuten goldbraun anbraten; dabei gelegentlich wenden. Dann mit einem Schaumlöffel aus der Kasserolle nehmen und auf einem Teller beiseite stellen.

3 Zwiebel und Paprika in die Kasserolle geben und bei geringer Hitze 5 Minuten unter gelegentlichem Rühren weich dünsten. Dann das Gemüse mit dem restlichen Würzmehl bestäuben und 1 weitere Minute unter Rühren dünsten. Nach und nach die Brühe zugießen, dann Sultaninen, Tomaten, Chilipulver, Zimt, Kreuzkümmel und Schokolade zufügen. Alles mit Salz und Pfeffer abschmecken und unter Rühren zum Kochen bringen.

4 Das Fleisch in die Kasserolle zurückgeben. Die Kasserolle abdecken und das Gericht bei 160 °C im vorgeheizten Backofen 50 Minuten schmoren. Anschließend mit Koriander garnieren und sofort servieren.

Putensteaks all'Italia

Für 4 Personen **Vorbereitung: 10 Min.** **Garzeit: 50 Min.**

Dieses erfrischende Sommergericht ist verblüffend einfach zubereitet und schmeckt unwiderstehlich.

ZUTATEN

1 EL Olivenöl
4 Putenschnitzel oder -steaks
2 rote Paprika
1 rote Zwiebel
2 Knoblauchzehen, fein gehackt
300 ml passierte Tomaten
150 ml halbtrockener Weißwein
1 EL frisch gehackter Majoran
Salz und Pfeffer
400 g weiße Bohnen aus der Dose, abgespült und abgetropft
3 EL Semmelbrösel
frische Basilikumzweige, zum Garnieren

NÄHRWERTANGABEN	
Kilokalorien	264
Eiweiß	33 g
Kohlenhydrate	18 g
Zucker	11 g
Fett	5 g
davon gesättigt	1 g

2

3

4

Variation

15 g getrocknete Steinpilze mit kochendem Wasser übergießen und 20 Minuten einweichen. Abgießen, in Streifen schneiden und in Schritt 2 hinzugeben.

1 Das Öl in einer backofenfesten Kasserolle oder einer großen Pfanne erhitzen und das Putenfleisch darin bei mittlerer Hitze etwa 5–10 Minuten unter gelegentlichem Wenden goldbraun anbraten. Anschließend auf einem Teller beiseite stellen.

2 Die Paprika entkernen, die Zwiebel schälen und beides in Streifen schneiden. Paprika- und Zwiebelstreifen in die Pfanne geben und unter gelegentlichem Rühren 5 Minuten dünsten, bis sie weich sind. Den Knoblauch zufügen und 2 Minuten mitdünsten.

3 Das Fleisch in die Pfanne zurückgeben. Tomaten, Wein und Majoran zufügen, alles mit Salz und Pfeffer würzen und zum Kochen bringen. Dann die Hitze reduzieren, den Topf oder die Pfanne abdecken und den Inhalt unter gelegentlichem Rühren 25–30 Minuten köcheln lassen, bis das Fleisch gar ist.

4 Die Bohnen zufügen und weitere 5 Minuten köcheln lassen. Anschließend das Gericht mit den Semmelbröseln bestreuen und 2–3 Minuten unter dem vorgeheizten Backofengrill gratinieren. Die fertigen Putensteaks mit Basilikumzweigen garnieren und sofort servieren.

Pikante Putenpfanne

Garzeit: 1 Std. 45 Min. **Vorbereitung: 20 Min.** **Für 4 Personen**

Das preiswerte Putenfleisch lässt sich kinderleicht zubereiten. Hier wird es mit einer köstlichen Tomaten-Paprika-Sauce verfeinert.

NÄHRWERTANGABEN	
Kilokalorien	290
Eiweiß	29 g
Kohlenhydrate	13 g
Zucker	6 g
Fett	14 g
davon gesättigt	5 g

ZUTATEN

2 EL Mehl

Salz und Pfeffer

1 kg Putenfleisch, gewürfelt

25 g Butter

1 EL Sonnenblumenöl

2 Zwiebeln, in Streifen

1 Knoblauchzehe, fein gehackt

1 rote Paprika, in Streifen

400 g gehackte Tomaten aus der Dose

1 Bouquet garni

150 ml Hühnerbrühe (siehe Seite 13)

2 EL frisch gehackte Petersilie, zum Garnieren

Variation

Statt der Pute können Sie auch gut Hühnerfleisch nehmen, das zarter ist. Dann verringert sich die Garzeit in Schritt 3 auf 45 Minuten.

1 Das Mehl auf einem Teller verteilen und mit Salz und Pfeffer würzen. Die Fleischwürfel darin wälzen, eventuell überschüssiges Mehl anschließend abschütteln.

2 Butter und Öl in einer Kasserolle oder einem großen Topf erhitzen. Das Fleisch zufügen und bei mittlerer Hitze unter Rühren etwa 5–10 Minuten goldbraun anbraten. Dann das Fleisch auf einen Teller geben, beiseite stellen und warm halten. Zwiebeln, Knoblauch und Paprika in den Topf geben und unter gelegentlichem Rühren 5 Minuten weich dünsten. Dann die Reste des gewürzten Mehls gleichmäßig über das Gemüse stäuben und alles 1 weitere Minute dünsten.

3 Das Fleisch in den Topf zurückgeben. Tomaten, Bouquet garni und Brühe zufügen. Unter Rühren aufkochen, dann den Topf abdecken und den Inhalt 75 Minuten köcheln lassen, bis das Fleisch gar ist.

4 Das Fleisch mit einem Schaumlöffel aus dem Topf heben, auf eine Servierplatte geben und warm halten. Das Bouquet garni entfernen und wegwerfen. Die Sauce erneut aufkochen, bis sie eingedickt ist. Anschließend mit Salz und Pfeffer abschmecken und über das beiseite gestellte Fleisch gießen. Das fertige Gericht mit gehackter Petersilie garnieren und servieren.

Fisch & Meeresfrüchte

Frischer Fisch und Meeresfrüchte werden heute in großer Auswahl angeboten. Aber insbesondere bei exotischen Sorten sind sich viele unsicher, wie sie sie zubereiten sollen. Gerichte wie die köstliche Seemannspfanne *(Seite 122) sind in solchen Fällen eine sichere und unkomplizierte Alternative.*

Lassen Sie sich von den zahlreichen Rezepten aus aller Welt verführen, darunter ein herzhaftes Marokkanisches Fisch-Tagin *(Seite 141), das pikante* Thailändische Garnelen-Curry *(Seite 147),* Mediterrane Schwertfischsteaks *(Seite 126), klassische* Moules marinières *(Seite 143) und* Janssons Versuchung *(Seite 135), ein köstliches Fischgratin aus Schweden.*

Wenn Sie die Anleitungen und Tipps auf den nächsten Seiten genau berücksichtigen, wird Ihnen auch die Zubereitung solch delikater Meerestiere wie Garnelen, Seeteufel oder Tintenfisch so leicht von der Hand gehen wie das Garen von Nudeln. Für welchen Anlass auch immer Sie kochen: Unter den folgenden Rezepten werden Sie mit Sicherheit das Richtige finden.

Kabeljau mediterran

Garzeit: 25 Min. **Vorbereitung: 15 Min.** **Für 4 Personen**

NÄHRWERTANGABEN	
Kilokalorien	248
Eiweiß	34 g
Kohlenhydrate	9 g
Zucker	7 g
Fett	7 g
davon gesättigt	1 g

Variation

Als Alternative zum Kabeljau bieten sich für dieses Gericht besonders Heilbutt oder Schellfisch an.

Hier finden Sie eine einfache und leckere Methode, Fisch zuzubereiten. Sie können dazu auch andere feste weiße Fischsteaks oder -filets verwenden.

ZUTATEN

2 Zwiebeln
1 Knoblauchzehe
2 EL Olivenöl
4 Tomaten, gehäutet und in Vierteln
abgeriebene Schale und Saft von ½ Zitrone
6 EL trockener Weißwein
3 EL frisch gehackte gemischte Kräuter, z. B. Petersilie, Thymian, Schnittlauch
4 Kabeljausteaks (je etwa 175 g)
Salz und Pfeffer
frische Thymianzweige, zum Garnieren

1

2

3

1 Zwiebeln und Knoblauch schälen und fein hacken. Das Öl in einer großen Pfanne erhitzen. Die Zwiebeln zufügen und bei geringer Hitze etwa 5 Minuten weich dünsten.

2 Knoblauch und Tomaten in die Pfanne geben und 3–4 Minuten mitdünsten. Dann Zitronenschale und -saft, Wein, Kräuter und Kabeljau zufügen und alles mit Salz und Pfeffer würzen.

3 Die Pfanne abdecken und den Inhalt bei niedrigster Temperatur etwa 15 Minuten köcheln lassen, bis die Kabeljausteaks gar sind und beim Anschneiden leicht auseinander fallen. Das fertige Gericht mit Thymianzweigen garnieren und sofort servieren.

Tipp

Halten Sie die Zutaten für dieses Gericht immer griffbereit. Mit tiefgekühltem Fisch schmeckt es ebenso gut, er sollte jedoch schonend auftauen, in kaltem Wasser oder in der Mirkowelle.

Seemannspfanne

Für 6 Personen **Vorbereitung: 20 Min.** **Garzeit: 35 Min.**

Diese herzhafte Fisch- und Meeresfrüchte-Pfanne ist ein ideales Gästeessen, denn sie ist nicht nur rasch zubereitet, sondern schmeckt, mit frischem Brot serviert, köstlich.

ZUTATEN

1,5 kg frische Miesmuscheln
3 EL Olivenöl
2 Zwiebeln, gehackt
3 Knoblauchzehen, fein gehackt
1 rote Paprika, in Scheiben
3 Karotten, gewürfelt
800 g gehackte Tomaten aus der Dose
125 ml trockener Weißwein
2 EL Tomatenmark
1 EL frisch gehackter Dill
2 EL frisch gehackte Petersilie
1 EL frisch gehackter Thymian
1 EL frische Basilikumblätter, plus etwas mehr zum Garnieren
900 g weißes Fischfilet, gewürfelt
450 g rohe Garnelen, ausgelöst
350 ml Fischfond (siehe Seite 13) oder Wasser
Salz und Pfeffer

NÄHRWERTANGABEN	
Kilokalorien	340
Eiweiß	49 g
Kohlenhydrate	14 g
Zucker	12 g
Fett	9 g
davon gesättigt	1 g

Variation

Sie können auch gekochte Garnelen verwenden. Diese sollten Sie jedoch erst 2–3 Minuten vor Ende der Garzeit, in die Pfanne geben.

Tipp

Achten Sie beim Kauf frischer Muscheln stets darauf, Exemplare mit intakten Schalen zu erhalten, und führen Sie die Zubereitung immer so sorgfältig durch, wie in Schritt 1 und 4 beschrieben.

1 Die Muscheln sorgfältig abbürsten und die Bärte entfernen. Alle beschädigten oder geöffneten Exemplare, die sich auch bei leichtem Gegenklopfen mit einem Messer nicht schließen, wegwerfen. Den Rest unter fließend kaltem Wasser abspülen.

2 Das Öl in einer Kasserolle erhitzen. Zwiebeln, Knoblauch, Paprika und Karotten zufügen und bei geringer Hitze 5 Minuten weich dünsten; dabei gelegentlich umrühren.

3 Tomaten, Wein, Tomatenmark, Dill, Petersilie und Thymian zufügen. Die Basilikumblätter klein zupfen und ebenfalls zugeben. Alles aufkochen, dann die Hitze reduzieren und die Sauce 20 Minuten köcheln lassen.

4 Fischwürfel, Muscheln, Garnelen und Brühe oder Wasser zugeben. Alles mit Salz und Pfeffer würzen und erneut aufkochen. Dann 6–8 Minuten köcheln lassen, bis sich die Garnelen hellrosa verfärben und die Muscheln sich geöffnet haben. Alle noch geschlossenen Muscheln wegwerfen. Das fertige Gericht mit Basilikumblättern garnieren und sofort servieren.

Mediterraner Fischtopf

Garzeit: 30 Min. **Vorbereitung: 20 Min.** **Für 4 Personen**

NÄHRWERTANGABEN	
Kilokalorien	377
Eiweiß	51 g
Kohlenhydrate	13 g
Zucker	8 g
Fett	10 g
davon gesättigt	1 g

Variation

Statt der Venus- können Sie auch Miesmuscheln verwenden. Für eine optimale Vor- und Zubereitung folgen Sie den Anweisungen im Tipp auf Seite 122.

Servieren Sie diesen Eintopf in Schalen oder tiefen Suppentellern. Zum Essen benötigen Sie kein Messer, sondern Löffel und Gabel, denn der aromatische Tomatensud schmeckt einfach köstlich.

ZUTATEN

2 EL Olivenöl
1 Zwiebel, halbiert und in Streifen
1 Msp. Safranfäden, leicht zerstoßen
1 EL frisch gehackter Thymian
Salz und Pfeffer
2 Knoblauchzehen, fein gehackt
800 g gehackte Tomaten aus der Dose, abgetropft
2 l Fischfond (siehe Seite 13)
175 ml trockener Weißwein
350 g Rotbarbenfilet, gewürfelt
450 g Seeteufelfilet, gewürfelt
450 g frische Venusmuscheln, ausgelöst
225 g Tintenfischringe
2 EL frische Basilikumblätter, plus etwas mehr zum Garnieren

Tipp

Safran ist zwar recht teuer, doch sein feiner Geschmack macht diesen Eintopf zu etwas ganz Besonderem – zudem verwenden Sie ja auch nur sehr wenig von diesem Gewürz.

1 Das Öl in einer großen Kasserolle erhitzen. Zwiebel, Safran, Thymian und 1 Prise Salz zufügen und alles bei geringer Hitze unter gelegentlichem Rühren etwa 5 Minuten dünsten, bis die Zwiebel weich ist.

2 Den Knoblauch zufügen und alles weitere 2 Minuten dünsten, dann Tomaten, Fond und Wein zugießen. Die Mischung mit Salz und Pfeffer würzen, aufkochen, dann die Hitze reduzieren und alles etwa 15 Minuten köcheln lassen.

3 Die Fischfilets zufügen und 3 Minuten in der Sauce köcheln lassen. Dann die Venusmuscheln und Tintenfischringe in die Kasserolle geben. Alles weitere 5 Minuten köcheln lassen, bis die Muscheln geöffnet sind, dann das Basilikum klein zupfen und einrühren. Das fertige Gericht mit einigen zusätzlichen Basilikumblättern garniert servieren.

Mediterrane Schwertfischsteaks

Für 4 Personen **Vorbereitung: 15 Min.** **Garzeit: 40 Min.**

Verwöhnen Sie ihre Familie mit diesem frischen Fischgericht. Wählen Sie dazu eine schlichte Beilage, die das charakteristische Aroma nicht beeinträchtigt, etwa einen grünen Salat.

ZUTATEN

2 EL Olivenöl
1 Zwiebel, fein gehackt
1 Selleriestange, in dünnen Scheiben
115 g grüne Oliven, entsteint
450 g Tomaten, gewürfelt
3 EL eingelegte Kapern, abgetropft
Salz und Pfeffer
4 Schwertfischsteaks (je etwa 140 g)
frische Zweige glatte Petersilie, zum Garnieren

NÄHRWERTANGABEN	
Kilokalorien	250
Eiweiß	26 g
Kohlenhydrate	5 g
Zucker	4 g
Fett	14 g
davon gesättigt	3 g

Variation

Schwertfisch zeichnet sich durch sein festes, saftiges Fleisch aus. Sie können dieses Gericht aber auch mit Kabeljau, Seeteufel oder Haisteaks zubereiten.

1 Das Öl in einer großen Pfanne erhitzen. Zwiebel und Sellerie zufügen und bei geringer Hitze 5 Minuten weich dünsten; dabei gelegentlich umrühren. Unterdessen die Hälfte der Oliven grob hacken. Diese mit den restlichen Oliven, den Tomaten und den Kapern in die Pfanne geben und alles mit Salz und Pfeffer würzen. Das Gemüse aufkochen, dann die Hitze reduzieren, die Pfanne abdecken und den Inhalt 15 Minuten köcheln lassen.

2 Die Schwertfischsteaks zufügen und alles erneut aufkochen. Die Pfanne wieder abdecken und die Steaks unter einmaligem Wenden 20 Minuten köcheln lassen, bis sie beim Anschneiden leicht auseinander fallen. Das fertige Gericht auf vorgewärmte Teller verteilen und mit einigen Petersilienzweigen garniert sofort servieren.

Gegrillter Thunfisch mit jungem Gemüse

Garzeit: 6–8 Min. **Vorbereitung: 1 Std. 5 Min.** **Für 4 Personen**

Thunfischsteaks werden gewöhnlich nur kurz gebraten, sodass sie innen noch rosa sind. Wer sie durchgebraten bevorzugt, grillt sie von jeder Seite 1–2 Minuten länger als angegeben.

NÄHRWERTANGABEN	
Kilokalorien	400
Eiweiß	45 g
Kohlenhydrate	6 g
Zucker	3 g
Fett	23 g
davon gesättigt	4 g

ZUTATEN

5 EL Olivenöl

2 EL Zitronensaft

1 EL Limettensaft

Salz und Pfeffer

4 Thunfischsteaks (je etwa 175 g)

8 kleine Porreestangen

8 junge grüne Spargelstangen

8 Kirschtomaten

4 kleine Zucchini, längs halbiert

1 In einen tiefen metallfreien Teller oder eine metallfreie Schale 4 Esslöffel Olivenöl füllen. Zitronen- und Limettensaft zufügen, alles mit Salz und Pfeffer würzen und gründlich mischen. Die Fischsteaks gründlich in dieser Marinade wälzen, dann abdecken und 1 Stunde im Kühlschrank marinieren.

2 Einen Grill oder die Grillpfanne vorheizen und die Grillfläche mit dem restlichen Öl bestreichen. Die Thunfischsteaks abgießen und mit Salz und Pfeffer würzen, dann unter den Grill oder in die Pfanne geben und bei starker Hitze 3–4 Minuten anbräunen, dann wenden.

3 Porree, Spargel, Kirschtomaten und Zucchinihälften zu den Steaks geben und weitere 3–4 Minuten grillen. Anschließend Fisch und Gemüse auf vier Teller verteilen und sofort servieren.

Tipp

Falls Sie eine Grillpfanne verwenden, müssen Sie das Gericht eventuell in zwei Durchgängen zubereiten. Sie können aber auch eine einfache unbeschichtete Pfanne verwenden.

Fisch-Curry aus Goa

Für 4 Personen **Vorbereitung: 30 Min.** **Garzeit: 15 Min.**

Die Küche Goas ist für ihre Fischspeisen wie für die extra-scharfen Vindaloos bekannt. Dieses Gericht ist jedoch nur mild gewürzt.

ZUTATEN

675 g Seeteufelfilet, grob gewürfelt
1 EL Apfelessig
1 TL Salz
1 TL Kurkuma
3 EL Pflanzenöl
2 Knoblauchzehen, zerdrückt
1 kleine Zwiebel, fein gehackt
2 TL gemahlener Koriander
1 TL Cayennepfeffer
2 TL Paprikapulver
2 EL Tamarindenpaste
2 EL kochendes Wasser
80 g Kokoscreme, in Stücken
300 ml warmes Wasser
gekochter Reis, zum Servieren
frische Korianderblätter, zum Garnieren

NÄHRWERTANGABEN	
Kilokalorien	302
Eiweiß	31 g
Kohlenhydrate	8 g
Zucker	7 g
Fett	17 g
davon gesättigt	7 g

Variation

Sie können jeden Fisch mit festem weißen Fleisch für dieses Curry verwenden. Ersetzen Sie den Seeteufel etwa einmal durch Kabeljau.

1

2

4

Tipp

Tamarindenpaste wird aus den gepressten Früchten des Tamarindenbaums gewonnen. Sie können sie gegebenenfalls durch Zitronen- oder Limettensaft ersetzen.

1 Den Fisch auf einem Teller mit Essig beträufeln. Die Hälfte des Salzes und die Hälfte der Kurkuma mischen und den Fisch gleichmäßig damit bestreuen. Abdecken und 20 Minuten beiseite stellen.

2 Das Öl in einer Pfanne erhitzen, den Knoblauch darin leicht anbräunen. Dann die Zwiebel zugeben und bei schwacher Hitze 3–4 Minuten glasig dünsten. Den Koriander zugeben und 1 Minute unter Rühren dünsten.

3 Restliche Kurkuma, Cayennepfeffer und Paprikapulver mit 2 Esslöffeln Wasser zu einer Paste verrühren. Mit dem restlichen Salz in die Pfanne geben und 1–2 Minuten kochen. Die Tamarindenpaste in einer kleinen Schüssel mit dem kochenden Wasser verrühren. Wenn die Masse dickflüssig ist und sich die Kerne herausgelöst haben, die Mischung durch ein Sieb streichen und die Kerne wegwerfen.

4 Kokoscreme, warmes Wasser und Tamarindenpaste in die Pfanne geben und unterrühren, bis die Kokoscreme aufgelöst ist. Fischwürfel und Marinade zugeben und etwa 4–5 Minuten köcheln lassen, bis die Sauce andickt. Sofort auf einem Reisbett servieren und mit Koriander garnieren.

Schwertfisch auf spanische Art

Garzeit: 45 Min.

Vorbereitung: 1 Std. 15 Min.

Für 4 Personen

NÄHRWERTANGABEN	
Kilokalorien	377
Eiweiß	32 g
Kohlenhydrate	10 g
Zucker	5 g
Fett	18 g
davon gesättigt	3 g

Variation

Wer mag, verwendet statt des Schwertfischs dick aufgeschnittene Kabeljausteaks, die den Geschmack der Tomatensauce ebenso gut aufnehmen.

Die hier vorgestellte kräftige und farbenfrohe spanische Sauce passt zu den meisten Fischen mit weißem Fleisch, egal ob Filet oder Steak.

ZUTATEN

- **4 EL Zitronensaft**
- **6 EL Olivenöl**
- **Salz und Pfeffer**
- **4 Schwertfischsteaks (je etwa 175 g)**
- **1 Zwiebel, fein gehackt**
- **1 Knoblauchzehe, fein gehackt**
- **1 EL Mehl**
- **225 g Tomaten, gehäutet, entkernt und gehackt**
- **1 EL Tomatenmark**
- **300 ml trockener Weißwein**
- **frische Dillzweige, zum Garnieren**

1

2

3

Tipp

Frischer Fisch sollte festes Fleisch und einen angenehmen Geruch haben. Lagern Sie Ihn nach dem Kauf im Kühlschrank, und bereiten Sie ihn innerhalb von 24 Stunden zu.

1. Den Zitronensaft mit 4 Esslöffeln Olivenöl in einer flachen, metallfreien Schale verrühren und mit Salz und Pfeffer würzen. Darin die Fischsteaks wenden, dann mit Frischhaltefolie abdecken und etwa 1 Stunde im Kühlschrank marinieren.

2. Das restliche Öl in einer Kasserolle erhitzen und darin die Zwiebel bei geringer Hitze 10 Minuten dünsten. Den Knoblauch 2 Minuten unter Rühren mitdünsten, dann das Mehl einstreuen und unter Rühren 1 Minute anschwitzen. Tomaten, Tomatenmark und Wein zufügen und alles unter Rühren aufkochen.

3. Den Fisch in die Kasserolle geben und in die Sauce hineindrücken. Die Kasserolle abdecken und den Fisch bei 180 °C im vorgeheizten Backofen 20 Minuten backen, bis er leicht zerfällt. Das fertige Gericht mit frischen Dillzweigen garnieren und sofort servieren.

Paella del mar

Für 6 Personen **Vorbereitung: 45 Min.** **Garzeit: 25–30 Min.**

Paella ist eigentlich der Name der großen gusseisernen Pfanne, in der dieser spanische Klassiker traditionell gekocht wird. Eine schlichte unbeschichtete Pfanne erfüllt jedoch den gleichen Zweck.

ZUTATEN

450 g frische Miesmuscheln
6 Tintenfische
125 ml Olivenöl
1 Gemüsezwiebel, gehackt
2 Knoblauchzehen, fein gehackt
1 rote Paprika, gewürfelt
1 grüne Paprika, gewürfelt
400 g Risotto-Reis
2 Tomaten, gehäutet und gehackt
1 EL Tomatenmark
175 g Seeteufelfilet, gewürfelt
175 g Meerbarbenfilet, gewürfelt
175 g Kabeljaufilet, gewürfelt
500 ml Fischfond (siehe Seite 13)
115 g frische oder tiefgefrorene grüne Bohnen, halbiert
115 g frische oder tiefgefrorene Erbsen
6 Artischockenherzen aus der Dose, abgetropft
¼ TL Safranfäden
Salz und Pfeffer
12 rohe Riesengarnelen, ausgelöst, mit Schwanzenden

NÄHRWERTANGABEN	
Kilokalorien	623
Eiweiß	48 g
Kohlenhydrate	68 g
Zucker	7 g
Fett	19 g
davon gesättigt	2 g

Variation

Diese Paella-Variante stammt aus Valencia. Sie können auch anderes Gemüse, wie Zucchini oder Spargel, verwenden.

Tipp

Traditionell wird Paella mit Valencia-Reis, einer spanischen Rundkornsorte zubereitet. Risotto-Reis ist ein guter Ersatz. Sie können zwar auch Langkornreis verwenden, er backt aber schnell an.

1. Die Muscheln sorgfältig abbürsten und die Bärte entfernen. Alle beschädigten oder geöffneten Exemplare, die sich auch bei leichtem Gegenklopfen nicht schließen, wegwerfen. Den Rest unter fließend kaltem Wasser abspülen.

2. Tentakel und Mäntel der Tintenfische auseinander ziehen. Die Innereien entfernen. Die Köpfe abschneiden und wegwerfen. Tentakel und Mäntel unter fließend kaltem Wasser abspülen.

3. Das Öl in einer großen unbeschichteten Pfanne oder einer Kasserolle erhitzen. Zwiebel, Knoblauch und Paprika zufügen und bei mittlerer Hitze etwa 5 Minuten unter Rühren weich dünsten. Die Tintenfischmäntel in Ringe schneiden und mit den Tentakeln in die Pfanne geben. 2 Minuten dünsten, dann den Reis einrühren, bis er rundum von Öl überzogen ist.

4. Tomaten, Tomatenmark und Fischwürfel zugeben. Weitere 3 Minuten dünsten, dann die Brühe zugießen. Bohnen, Erbsen, Artischockenherzen und Safranfäden einrühren und alles mit Salz und Pfeffer würzen.

5. Die Muscheln am Pfannenrand verteilen, die Garnelen in die Mitte geben. Aufkochen, dann die Hitze reduzieren und 15–20 Minuten köcheln lassen, bis der Reis gar ist. Alle ungeöffneten Muscheln wegwerfen. Die fertige Paella direkt aus der Pfanne servieren.

Janssons Versuchung

Garzeit: 1 Std. **Vorbereitung: 10 Min.** **Für 4 Personen**

Jansson war ein schwedischer Opernsänger – für seinen Gesang ebenso berühmt wie für seine Affären. Gute Freunde wurden von ihm nach einem Auftritt zuweilen mit diesem Gericht beglückt.

ZUTATEN

40 g Butter, plus etwas mehr zum Einfetten
14 Sardellenfilets
450 g Kartoffeln, gerieben
2 Zwiebeln, halbiert und in Streifen
1 Knoblauchzehe, fein gehackt
1 EL frisch gehackte Petersilie
Salz und Pfeffer
300 g Schlagsahne
frische Petersilienzweige, zum Garnieren

NÄHRWERTANGABEN	
Kilokalorien	373
Eiweiß	8 g
Kohlenhydrate	29 g
Zucker	8 g
Fett	26 g
davon gesättigt	15 g

Variation

Falls Sie keine frische Petersilie bekommen, können Sie auch getrocknete oder tiefgefrorene Petersilie nehmen.

1 Eine große Auflaufform oder eine backofenfeste Kasserolle großzügig mit Butter einfetten. Die Sardellenfilets in je 4 Streifen schneiden.

2 Kartoffeln, Zwiebeln, Knoblauch, Petersilie und Sardellen in die vorbereitete Form oder Kasserolle schichten; dabei jede Schicht mit Salz und Pfeffer würzen und mit einer Kartoffelschicht abschließen. Die Hälfte der Sahne über die Mischung gießen und die Butter in kleinen Stücken obenauf setzen.

3 Den so vorbereiteten Auflauf bei 200 °C im vorgeheizten Backofen etwa 35–40 Minuten backen, bis die Kartoffeln gerade braun und leicht knusprig geworden sind. Die restliche Sahne zugießen und weitere 20–25 Minuten backen, bis die oberste Auflaufschicht goldbraun ist. Das fertige Gericht mit Petersilienzweigen garnieren und sofort servieren.

Tipp

Verwenden Sie Sardellen aus der Dose, können Sie in Schritt 2 einige Tropfen des Einlegeöls auf die Kartoffelschicht träufeln, bevor Sie die Sahne zugießen. Gesalzene Sardellen in Wasser oder Milch einweichen.

Seeteufel mit Zwiebeln & Koriander

Garzeit: 20 Min.

Vorbereitung: 1 Std. 15 Min.

Für 4 Personen

NÄHRWERTANGABEN	
Kilokalorien	265
Eiweiß	45 g
Kohlenhydrate	6 g
Zucker	4 g
Fett	7 g
davon gesättigt	1 g

Variation

Falls Sie dem Gericht eine etwas herbere Note verleihen wollen, verwenden Sie anstelle der roten Chillies einmal grüne Schoten.

Seeteufel ist nicht nur wegen seines delikaten Geschmacks und seines festen Fleischs beliebt, er besitzt auch keine kleinen Gräten, die uns den Fischgenuss oftmals verleiden. Als Beilage zu dieser Delikatesse empfiehlt sich ein grüner Salat.

ZUTATEN

1 kg Seeteufelschwanz
4 EL Limettensaft
1 Knoblauchzehe, fein gehackt
1 TL gemahlener Kreuzkümmel
1 TL Paprikapulver
Salz und Pfeffer
1 Gemüsezwiebel, in Ringen
2 frische rote Chillies, entkernt und fein gehackt
1 EL frisch gehackter Koriander
2 EL Olivenöl
frische Korianderblätter, zum Servieren

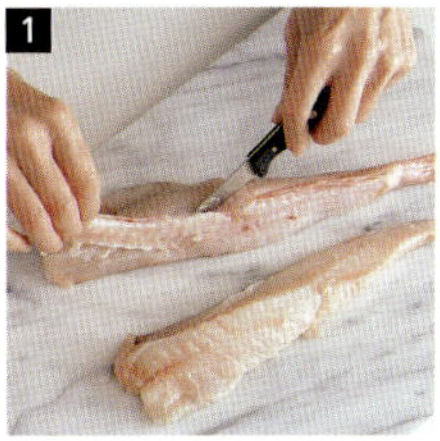

1 Die dünne graue Haut des Seeteufelschwanzes mit einem scharfen Messer entfernen. Das Fleisch von oben und unten entlang der Mittelgräte einschneiden und von der Gräte lösen. Die beiden Filets mit Küchengarn zusammenbinden und in eine tiefe, metallfreie Auflaufform geben.

2 Limettensaft, Knoblauch, Kreuzkümmel und Paprikapulver in einer kleinen Schale mischen, dann salzen und pfeffern und über den Fisch löffeln. Den Fisch abdecken und 1 Stunde im Kühlschrank marinieren.

3 Zwiebel, Chillies und Koriander auf dem marinierten Fisch verteilen. Den Fisch mit dem Öl beträufeln und bei 220 °C im vorgeheizten Backofen etwa 20 Minuten schmoren, bis er gar ist und das Fleisch leicht auseinander fällt. Den fertigen Seeteufelschwanz in Scheiben schneiden und mit Korianderblättern garniert servieren.

Tipp

Belassen Sie den Seeteufel auf keinen Fall länger als 1 Stunde in der Marinade, da sonst die Limettensäure beginnt, das Fleisch zu zersetzen.

Cotriade

Für 4 Personen **Vorbereitung: 25 Min.** **Garzeit: 45 Min.**

Für diesen französischen Eintopf werden Fisch und Gemüse in einer aromatischen Brühe gegart. Wenn Sie dieses Gericht traditionell servieren möchten, dann schöpfen Sie es direkt auf dicke Brotscheiben.

ZUTATEN

1 Msp. Safran
600 ml heißer Fischfond (siehe Seite 13)
1 EL Olivenöl
2 EL Butter
1 Zwiebel, in Ringen
2 Knoblauchzehen, gehackt
1 Porreestange, in Ringen
1 kleine Fenchelknolle, in dünnen Streifen
450 g Kartoffeln, grob gewürfelt
150 ml trockener Weißwein
1 EL frische Thymianblätter
2 Lorbeerblätter
4 reife Tomaten, gehäutet und gehackt
900 g gemischte Fischfilets (z. B. Kabeljau, Seehecht, Makrele, Meeräsche), grob gehackt
2 EL frisch gehackte Petersilie
Salz und Pfeffer
ofenfrisches Brot, zum Servieren

GARNIERUNG

Zitronenscheiben
frische Dillzweige

NÄHRWERTANGABEN	
Kilokalorien	81
Eiweiß	7,4 g
Kohlenhydrate	4 g
Zucker	1 g
Fett	4 g
davon gesättigt	1 g

Variation

Verwenden Sie für diesen Eintopf eine reichhaltige Auswahl an Fischsorten, etwa eine Mischung aus Meerbarbe, Barsch, Seezunge und Aal.

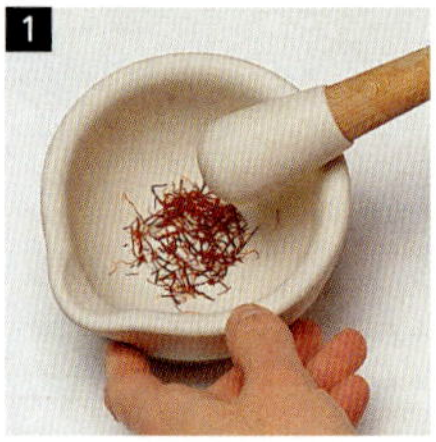

1

2

4

Tipp

Für eine sämige, glatte Suppe können Sie Fisch und Gemüse auch in einem Mixer pürieren, sobald sie gar sind. Damit alles wirklich glatt wird, sollten Sie die Mischung anschließend noch durch ein Sieb streichen.

1 Den Safran zerstoßen, gut unter den Fischfond rühren und 10 Minuten ziehen lassen.

2 Öl und Butter in einem Topf erhitzen und die Zwiebel darin unter Rühren 4–5 Minuten bei schwacher Hitze glasig dünsten. Knoblauch, Porree, Fenchel und Kartoffeln zugeben, abdecken und 10–15 Minuten dünsten, bis das Gemüse gar ist.

3 Den Wein zugießen und 3–4 Minuten stark kochend um die Hälfte reduzieren. Thymian, Lorbeerblätter und Tomaten gründlich unterrühren. Den Safranfond zugießen, aufkochen, abdecken und 15 Minuten bei schwacher Hitze köcheln lassen.

4 Den Fisch zugeben, aufkochen und weitere 3–4 Minuten köcheln lassen. Die Petersilie einstreuen und abschmecken. Fisch und Gemüse mit einem Schaumlöffel herausheben, auf einen Servierteller geben und mit Zitronenscheiben und Dillzweigen garnieren. Dazu knuspriges Brot reichen.

Marokkanisches Fisch-Tagin

Garzeit: 1 Std. 15 Min. **Vorbereitung: 10 Min.** **Für 4 Personen**

NÄHRWERTANGABEN	
Kilokalorien	188
Eiweiß	17 g
Kohlenhydrate	7 g
Zucker	5 g
Fett	11 g
davon gesättigt	1 g

Variation

Ersetzen Sie die Dosentomaten durch frisch gehackte Tomaten, aber fügen Sie der Sauce bei Schritt 2 dann 1 Esslöffel Tomatenmark bei.

Ein tagin – ein flacher irdener Topf mit konischem Deckel – ist in Nordafrika das traditionelle Kochgefäß für Schmorgerichte.

ZUTATEN

- **2 EL Olivenöl**
- **1 große Zwiebel, fein gehackt**
- **1 Msp. Safran**
- **½ TL Zimt**
- **1 TL gemahlener Koriander**
- **½ TL gemahlener Kreuzkümmel**
- **½ TL gemahlene Kurkuma**
- **200 g gehackte Tomaten aus der Dose**
- **300 ml Fischfond**
- **4 kleine Meeräschen, ausgenommen**
- **55 g grüne Oliven, entsteint**
- **1 EL gehackte eingelegte Zitrone (siehe Tipp)**
- **3 EL frisch gehackter Koriander**
- **Salz und Pfeffer**
- **gekochter Couscous, zum Servieren**

Tipp

Eingelegte Zitronen: Ein Glas mit geviertelten Zitronen und 4 Esslöffeln Meersalz pro Zitrone füllen. Den Saft einer weiteren Zitrone zugeben. Die Mischung mit Wasser auffüllen und mindestens 1 Monat ziehen lassen.

1 Das Öl in eine Kasserolle geben und erhitzen. Die Zwiebel zufügen und unter gelegentlichem Rühren 10 Minuten bei geringer Hitze dünsten, bis sie weich, aber nicht braun ist. Safran, Zimt, Koriander, Kreuzkümmel und Kurkuma in die Kasserolle geben und unter ständigem Rühren 30 Sekunden mitdünsten.

2 Tomaten und Fischfond zugeben und gründlich unterrühren. Alles aufkochen, abdecken und 15 Minuten köcheln lassen. Anschließend den Deckel abnehmen und die Mischung weitere 20–35 Minuten köcheln lassen, bis die Sauce gut angedickt ist.

3 Die Meeräschen halbieren, in die Sauce geben und darin 5–6 Minuten mitköcheln, bis sie gerade gar sind.

4 Oliven, Zitrone und Koriander unterheben. Das fertige Gericht mit Salz und Pfeffer abschmecken und mit Couscous servieren.

Miesmuscheln in Biersauce

Für 4 Personen **Vorbereitung: 25 Min.** **Garzeit: 15 Min.**

Diese in Bier gekochten, mit Tomaten und mexikanischen Gewürzen verfeinerten Muscheln sind ideal für ein sommerliches Gartenfest. Ihre Gäste werden garantiert begeistert sein.

ZUTATEN

1,5 kg frische Miesmuscheln
450 ml helles Bier
2 Zwiebeln, gehackt
5 Knoblauchzehen, grob gehackt
1 frische grüne Chili, z. B. Jalapeño oder Serrano, entkernt und in feinen Ringen
175 g frische Tomaten, gewürfelt, oder gehackte Tomaten aus der Dose
2–3 EL frisch gehackter Koriander

NÄHRWERTANGABEN	
Kilokalorien	163
Eiweiß	21 g
Kohlenhydrate	7 g
Zucker	6 g
Fett	3 g
davon gesättigt	1 g

Tipp

Bei Schritt 2 die Körner von 2 Maiskolben mit in die Biersauce geben. Eventuell etwas Zucker zufügen, um den süßlichen Geschmack des Maises voll zur Geltung zu bringen.

1 Die Muscheln sorgfältig abbürsten und die Bärte entfernen. Alle beschädigten oder geöffneten Exemplare, die sich auch bei leichtem Gegenklopfen nicht schließen, wegwerfen. Den Rest unter fließend kaltem Wasser abspülen.

2 Bier, Zwiebeln, Knoblauch, Chili und Tomaten in einen Topf geben und zum Kochen bringen. Die Muscheln zu der Gemüsesauce in den Topf geben und abgedeckt bei mittlerer Hitze etwa 10 Minuten kochen, bis sich die Schalen geöffnet haben.

3 Alle noch geschlossenen Muscheln aussortieren. Den Rest auf vier Teller verteilen und mit frischem Koriander bestreut servieren.

Moules marinières

Garzeit: 10 Min. **Vorbereitung: 25 Min.** **Für 4 Personen**

Dieser robuste französische Klassiker ist ein echter Leckerbissen. Servieren Sie ihn mit viel frischem, knusprigem Baguette und leicht gekühltem Weißwein.

NÄHRWERTANGABEN	
Kilokalorien	185
Eiweiß	26 g
Kohlenhydrate	2 g
Zucker	1 g
Fett	3 g
davon gesättigt	1 g

ZUTATEN

2 kg frische Miesmuscheln

300 ml Weißwein

6 Schalotten, fein gehackt

1 Bouquet garni

Salz und Pfeffer

knuspriges Brot, zum Servieren

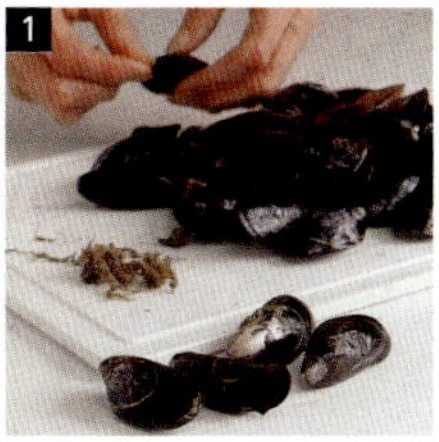

1 Die Muscheln sorgfältig abbürsten und die Bärte entfernen. Alle beschädigten oder geöffneten Exemplare, die sich auch bei leichtem Gegenklopfen nicht schließen, wegwerfen. Den Rest unter fließend kaltem Wasser abspülen.

2 Den Wein in einen großen Topf oder eine tiefe Pfanne gießen. Schalotten und Bouquet garni zufügen und alles mit Salz und Pfeffer würzen. Die Mischung bei mittlerer Hitze aufkochen, dann die Muscheln zufügen, gut abdecken und 5 Minuten sprudelnd kochen; dabei Topf oder Pfanne gelegentlich schütteln. Anschließend das Bouquet garni und alle ungeöffneten Muscheln herausnehmen und wegwerfen.

3 Die restlichen Muscheln mit einem Schaumlöffel aus dem Kochsud heben und auf 4 große Schalen verteilen. Topf oder Pfanne ein wenig schräg halten, damit eventuelle Sandkörner, die hineingeraten sind, auf den Boden sacken. Dann den Sud über die Muschelportionen verteilen und diese sofort mit reichlich knusprigem Brot servieren.

Tipp

Verzehren Sie niemals Muscheln, die Sie selbst am Strand aufgelesen haben. Sie könnten Schadstoffe enthalten und ernsthafte Krankheiten hervorrufen.

Muscheln provenzalisch

Für 4 Personen **Vorbereitung: 10 Min.** **Garzeit: 50 Min.**

Die großen Miesmuscheln werden heiß mit einer aromatischen Tomaten-Gemüse-Sauce serviert. Knuspriges Brot ist die beste Beilage.

ZUTATEN

1 EL Olivenöl
1 große Zwiebel, fein gehackt
1 Knoblauchzehe, fein gehackt
1 kleine rote Paprika, gewürfelt
1 Rosmarinzweig
2 Lorbeerblätter
400 g gehackte Tomaten aus der Dose
150 ml Weißwein
Salz und Pfeffer
1 Zucchini, fein gewürfelt
2 EL Tomatenmark
1 TL Zucker
50 g eingelegte, entsteinte schwarze Oliven, abgetropft und gehackt
675 g frische große Miesmuscheln, abgebürstet und Bärte entfernt
1 TL abgeriebene Orangenschale
2 EL frisch gehackte Petersilie, zum Garnieren
knuspriges Brot, zum Servieren

NÄHRWERTANGABEN	
Kilokalorien	253
Eiweiß	31 g
Kohlenhydrate	9 g
Zucker	8 g
Fett	8 g
davon gesättigt	1 g

Variation

Ersetzen Sie den Rosmarin durch 1 frischen Thymianzweig, oder bereiten Sie die Muscheln nach Belieben mit beiden Kräutern gemeinsam zu.

2

2

3

Tipp

Vergewissern Sie sich, dass keine Muschel beschädigte Schalen aufweist. Sortieren Sie solche Exemplare eventuell aus, bevor Sie die restlichen Muscheln dämpfen.

1 Das Öl in einer großen Pfanne erhitzen. Zwiebel, Knoblauch und Paprika hineingeben und 3–4 Minuten dünsten, bis das Gemüse gerade weich ist.

2 Rosmarin, Lorbeerblätter, Tomaten und 100 ml Wein zugeben. Mit Salz und Pfeffer würzen. Dann aufkochen und 15 Minuten köcheln lassen. Zucchini, Tomatenmark, Zucker und Oliven zugeben und weitere 10 Minuten köcheln lassen.

3 In einem Topf Wasser zum Kochen bringen. Die Muscheln in einen Dämpfeinsatz oder ein großes Sieb geben und über dem Dampf garen. Mit dem restlichen Wein beträufeln und mit der Orangenschale bestreuen. Abdecken und die Muscheln dämpfen, bis sie sich öffnen. Muscheln, die nach dem Garen geschlossen bleiben, wegwerfen.

4 Die Muscheln mit einer Schaumkelle aus dem Dämpfeinsatz nehmen und auf einer vorgewärmten Servierplatte anrichten. Lorbeer und Rosmarin aus der Tomaten-Gemüse-Sauce entfernen. Die Sauce über die Muscheln gießen, mit frischer Petersilie garnieren und mit frischem knusprigem Brot servieren.

Thailändisches Garnelen-Curry

Garzeit: 10 Min. **Vorbereitung: 15 Min.** **Für 4 Personen**

NÄHRWERTANGABEN	
Kilokalorien	150
Eiweiß	11 g
Kohlenhydrate	6 g
Zucker	4 g
Fett	9 g
davon gesättigt	1 g

Variation

Statt Basilikum können Sie auch frische Korianderblätter verwenden. Und wer es weniger scharf mag, entkernt die Chillies vor der Verwendung.

Die thailändische Küche ist für ihre raffinierten Gewürzmischungen bekannt, die auch dieses Curry zu einem Gaumenschmaus machen.

ZUTATEN

450 g rohe Riesengarnelen
2 EL Erdnussöl
2 EL thailändische grüne Currypaste
4 Kaffir-Limettenblätter, in Streifen
1 Stängel Zitronengras, gehackt
225 ml Kokosmilch
2 EL thailändische Fischsauce
½ Salatgurke, entkernt und in Stiften
12 frische Basilikumblätter, plus etwas mehr zum Garnieren
2 frische grüne Chillies, fein gewürfelt

1

1

2

Tipp

Die thailändische Küche kennt drei verschiedene Basilikumsorten, die alle intensiver schmecken als unsere: *bai horapa, bai krapao* und *luk manglak*.

1 Die Garnelen auslösen und die Darmfäden entfernen. Das Öl in einem Wok oder einer großen Pfanne erhitzen. Die Currypaste zufügen und bei mittlerer Hitze 1 Minute kochen, bis sie Blasen wirft und ihr Aroma entfaltet.

2 Garnelen, Limettenblätter und Zitronengras zufügen und etwa 2 Minuten pfannenrühren, bis sich die Garnelen rosa färben.

3 Die Kokosmilch zugießen und aufkochen. Dann die Hitze reduzieren und alles unter gelegentlichem Rühren 5 Minuten köcheln lassen. Zuletzt Fischsauce, Gurke und Basilikum zufügen. Das fertige Gericht in eine vorgewärmte Servierschüssel füllen, mit Chiliwürfeln bestreuen und mit frischen Basilikumblättern garniert servieren.

Garnelen süß-sauer

Für 4 Personen **Vorbereitung: 10 Min.** **Garzeit: 5 Min.**

Seinen süß-sauren Geschmack verdankt dieses fernöstliche Pfannengericht einer Kombination aus dunkler Sojasauce, Sesamöl, frischer Ingwerwurzel und aromatischem Rohzucker.

ZUTATEN

4 Frühlingszwiebeln, plus etwas mehr zum Garnieren
450 g gekochte Riesengarnelen
1 EL Erdnuss- oder Sonnenblumenöl
2 TL fein gehackte Ingwerwurzel
2 EL dunkle Sojasauce
2 EL Rohzucker
3 EL Reisessig
1 EL chinesischer Reiswein
125 ml Fischfond oder Hühnerbrühe (siehe Seite 13)
1 TL Speisestärke
1–2 EL Wasser
1 Spritzer Sesamöl
Chinakohlstreifen, zum Servieren

NÄHRWERTANGABEN	
Kilokalorien	143
Eiweiß	10 g
Kohlenhydrate	16 g
Zucker	8 g
Fett	4 g
davon gesättigt	1 g

Variation

Beilage: Brechen Sie 225 g Reis-Vermicelli in kurze Stücke, erhitzen Sie 4 Esslöffel Öl, und frittieren Sie die Nudeln portionsweise knusprig.

Tipp

Falls Sie Garnelenköpfe und -schalen übrig haben, werfen Sie diese nicht weg. Wenn Sie sie in reichlich Wasser auskochen, erhalten Sie eine delikate Brühe.

1 Die Frühlingszwiebeln fein hacken. Die Garnelen, falls erforderlich, auslösen und die Darmfäden entfernen, dann mit Küchenpapier trockentupfen und beiseite stellen.

2 Das Öl in einem vorgewärmten Wok oder einer großen Pfanne erhitzen. Frühlingszwiebeln und Ingwer zufügen und bei starker Hitze 1 Minute pfannenrühren. Dann Sojasauce, Zucker, Essig, Reiswein und Brühe einrühren und die Mischung zum Kochen bringen.

3 Speisestärke und Wasser in einer kleinen Schale zu einer glatten Paste verrühren. Diese Paste in den Wok geben und unterrühren, dann die vorbereiteten Garnelen zufügen. Alles kochen, bis die Sauce eindickt, dann das Sesamöl zufügen.

4 Auf 4 Tellern die Chinakohlstreifen anrichten. Die fertigen Garnelen mit je etwas Sauce darauf verteilen. Die einzelnen Portionen mit Frühlingszwiebeln garnieren und sofort servieren.

Gegrillter Tintenfisch

Garzeit: 5–10 Min. **Vorbereitung: 15 Min.** **Für 4 Personen**

NÄHRWERTANGABEN	
Kilokalorien	137
Eiweiß	18 g
Kohlenhydrate	1 g
Zucker	0 g
Fett	7 g
davon gesättigt	1 g

Für dieses Rezept eignen sich kleine Tintenfische am besten. Falls Sie nur große Exemplare finden können, halbieren Sie die Tentakel und schneiden Sie die Mäntel in dicke Ringe.

ZUTATEN

450 g kleine Tintenfische
2 EL Olivenöl
1 Bund frische Petersilie, fein gehackt
4 Knoblauchzehen, zerdrückt
1 EL abgeriebene Zitronenschale
1 EL Zitronensaft
Salz und Pfeffer
frische Petersilienzweige, zum Garnieren

Variation

Die Tintenfische vor dem Garen mit 100 g gehackten Krabben, 1 Teelöffel gehacktem Dill und 2 Teelöffeln gehackten Schalotten füllen.

Tipp

Falls Sie keine Grillpfanne besitzen, können Sie die Tintenfische auch unter dem vorgeheizten Backofengrill oder über heißer Holzkohle garen. Wenden Sie das Fleisch regelmäßig, und fetten Sie es ein.

1 Tentakel und Mäntel der Tintenfische auseinander ziehen. Die Innereien entfernen. Die Köpfe abtrennen und wegwerfen. Dann Tentakel und Mäntel unter fließend kaltem Wasser abspülen.

2 Die Grillpfanne vorheizen und mit etwas Öl ausstreichen. Die Tintenfischstücke hineingeben und bei mittlerer Hitze 5–10 Minuten garen, bis sie goldbraun sind; dabei gelegentlich wenden und, falls erforderlich, mit zusätzlichem Öl bestreichen. Die fertigen Tintenfischstücke auf 4 Portionsteller verteilen.

3 Petersilie, Knoblauch und Zitronenschale in einer kleinen Schüssel vermengen. Die Tintenfischstücke mit dem Zitronensaft beträufeln und mit Salz und Pfeffer würzen, anschließend alles mit der Petersilienmischung bestreuen. Jede Portion mit einem Petersilienzweig garnieren und sofort servieren.

Meeresfrüchte-Chili

Garzeit: 45 Min.

Vorbereitung: 1 Std. 30 Min.

Für 4 Personen

Mit fertig gekauften Tortillas, die ohne Fett in einer Pfanne angeröstet werden, erhält das Gericht einen mexikanischen Flair.

NÄHRWERTANGABEN	
Kilokalorien	326
Eiweiß	33 g
Kohlenhydrate	27 g
Zucker	11 g
Fett	11 g
davon gesättigt	2 g

Variation

Wenn Sie keine Zeit für selbst gemachten Fischfond haben, dann nehmen Sie stattdessen die gleiche Menge Wasser.

ZUTATEN

- **115 g rohe Garnelen, ausgelöst**
- **250 g ausgelöste Jakobsmuscheln, Tiefkühlware aufgetaut**
- **115 g Seeteufelfilet, gewürfelt**
- **1 Limette, geschält und in dünnen Scheiben**
- **1 EL Chilipulver**
- **1 TL gemahlener Kreuzkümmel**
- **3 EL frisch gehackter Koriander**
- **1 frische grüne Chili, entkernt und gehackt**
- **3 EL Maiskeimöl**
- **1 Zwiebel, grob gehackt**
- **1 rote Paprika, grob gewürfelt**
- **1 gelbe Paprika, grob gewürfelt**
- **¼ TL Gewürznelkenpulver**
- **1 Prise Zimt**
- **1 Prise Cayennepfeffer**
- **Salz**
- **350 ml Fischfond (siehe Seite 13)**
- **400 g gehackte Tomaten aus der Dose**
- **400 g rote Kidney-Bohnen aus der Dose, abgespült und abgetropft**

1 Garnelen, Muscheln, Seeteufel und Limettenscheiben in eine große, metallfreie Schüssel geben und mit je ¼ Teelöffel Chilipulver und Kreuzkümmel sowie 1 Esslöffel Koriander, der Hälfte des Knoblauchs, der Chili und 1 Esslöffel Öl vermengen. Alles mit Frischhaltefolie abdecken und 1 Stunde im Kühlschrank marinieren.

2 Inzwischen 1 Esslöffel Öl in einem großen Topf erhitzen. Die Zwiebel, den verbliebenen Knoblauch und die Paprikawürfel zufügen und bei geringer Hitze 5 Minuten weich dünsten; dabei gelegentlich umrühren. Dann die Reste von Chilipulver und Kreuzkümmel sowie Nelkenpulver, Zimt und Cayennepfeffer zugeben, falls nötig auch das verbliebene Öl zufügen und alles abschmecken. Die Mischung 5 Minuten unter Rühren kochen, dann nach und nach Fond und Tomaten zugeben. Den Topf halb abdecken und den Inhalt 25 Minuten köcheln lassen.

3 Bohnen, Fisch und Meeresfrüchte zufügen, alles abdecken und 10 Minuten kochen, bis Fisch und Meeresfrüchte gar sind. Das fertige Gericht mit dem restlichen Koriander garnieren und sofort servieren.

Tipp

Falls Sie tiefgefrorene Meeresfrüchte verwenden, sollten Sie sie vor der Verwendung gründlich auftauen. Milder wird das Chili, wenn Sie nur die Hälfte des angegebenen Chilipulvers verwenden.

Gemüse

Immer wieder mahnen Ernährungswissenschaftler, mehr Gemüse zu essen, doch fruchtet dieser Appell wenig, solange es in einer Weise zubereitet wird, die es von vornherein zu einem Schattendasein auf den Tellern verurteilt. Das folgende Kapitel zeigt, dass Gemüse geschmacklich wie optisch eine überzeugende Alternative zum Fleisch sein kann – probieren Sie nur den Griechischen Bohnentopf *(Seite 156) oder das* Wintergemüse mit Käsefleckchen *(Seite 167).*

Bohnen, Linsen, Paprika, Zucchini, Auberginen, Brokkoli, Blumenkohl, Zwiebeln, Tomaten und Kartoffeln sind in den folgenden Gerichten die Hauptzutaten. Geschmacklich und farblich aufeinander abgestimmt und mit köstlichen Saucen verfeinert, werden sie selbst den eingeschworenen Fleischliebhaber überzeugen. Wer es gerne scharf mag, greift zu Gemüse-Chili *(Seite 161), zu* Kartoffel-Curry mit Spinat *(Seite 164) oder zum* Würzigen Cashew-Curry *(Seite 165). Mild und dezent dagegen treten der* Blumenkohlauflauf *(Seite 168) und das* Paprika-Pilz-Haschee *(Seite 157) auf.*

Man muss kein Vegetarier sein, um sich gesund zu ernähren, doch wenn Sie sich diesem Kapitel widmen, werden Sie rasch erkennen, dass eine fleischlose Hauptmahlzeit pro Woche nicht nur bekömmlich ist, sondern auch eine schmackhafte Abwechslung bietet. Lassen Sie sich also inspirieren.

Griechischer Bohnentopf

Für 4 Personen **Vorbereitung: 5 Min.** **Garzeit: 1 Std. 5 Min.**

Bei diesem Gericht sorgen klassische Zutaten der griechischen Küche für einen sehr aromatischen mediterranen Geschmack: Zitronensaft, Knoblauch, Oregano und Oliven.

ZUTATEN

400 g weiße Bohnen aus der Dose, abgetropft
1 EL Olivenöl
3 Knoblauchzehen, zerdrückt
425 ml Gemüsebrühe (siehe Seite 13)
1 Lorbeerblatt
2 frische Oreganozweige
1 EL Tomatenmark
Saft von 1 Zitrone
1 kleine rote Zwiebel, gehackt
25 g entsteinte schwarze Oliven, halbiert
Salz und Pfeffer

NÄHRWERTANGABEN	
Kilokalorien	115
Eiweiß	6 g
Kohlenhydrate	15 g
Zucker	4 g
Fett	4 g
davon gesättigt	0,6 g

1 Die Bohnen in eine große backofenfeste Kasserolle geben. Olivenöl und Knoblauch zufügen, die Bohnen sorgfältig in dieser Mischung wälzen und bei geringer Hitze unter gelegentlichem Rühren 4–5 Minuten kochen.

2 Brühe, Lorbeerblatt, Oregano, Tomatenmark, Zitronensaft und Zwiebel zufügen und gründlich unterrühren. Abdecken und etwa 1 Stunde köcheln lassen, bis die Sauce eindickt.

3 Die Oliven einrühren. Die fertig gekochten Bohnen mit Salz und Pfeffer abschmecken und noch heiß servieren. Alternativ können die Bohnen auch im Voraus zubereitet und nach Geschmack zimmerwarm mit knusprigem Brot serviert werden.

Tipp

Sie können dieses Gericht auch mit anderen Bohnen zubereiten. Auch Kichererbsen schmecken köstlich. Dosenware sollten Sie gut abgießen und abspülen, da sie oft gezuckert oder gesalzen ist.

Paprika-Pilz-Haschee

Garzeit: 30 Min. **Vorbereitung: 10 Min.** **Für 4 Personen**

Dieses schnell und mühelos zubereitete Gericht ist eine ideale Abendmahlzeit. Bereiten Sie sie einfach mit dem Gemüse zu, das Sie gerade zur Hand haben.

NÄHRWERTANGABEN	
Kilokalorien	182
Eiweiß	5 g
Kohlenhydrate	34 g
Zucker	6 g
Fett	4 g
davon gesättigt	0,5 g

ZUTATEN

675 g Kartoffeln, gewürfelt
Salz und Pfeffer
1 EL Olivenöl
2 Knoblauchzehen, zerdrückt
1 grüne Paprika, gewürfelt
1 gelbe Paprika, gewürfelt
3 Tomaten, gewürfelt
75 g kleine Champignons, halbiert
1 EL Worcestersauce
2 EL frisch gehacktes Basilikum
frische Basilikumzweige, zum Garnieren
warmes knuspriges Brot, zum Servieren

Tipp

Die meisten Worcestersaucen enthalten Sardellen. Falls Sie sich streng vegetarisch ernähren, sollten Sie die Inhaltsstoffe auf dem Etikett prüfen, um sicherzustellen, dass sie eine vegetarische Sorte erwerben.

1 Die Kartoffeln 7–8 Minuten in leicht gesalzenem Wasser kochen, dann gründlich abgießen und beiseite stellen.

2 Das Öl in einer großen Pfanne erhitzen. Die Kartoffeln hineingeben und bei mittlerer Hitze 8–10 Minuten unter Rühren goldbraun braten.

3 Knoblauch und Paprika zufügen und 2–3 Minuten unter Rühren mitbraten. Anschließend Tomaten und Pilze in die Pfanne geben und weitere 5–6 Minuten braten; dabei ständig rühren.

4 Worcestersauce und Basilikum einrühren und alles mit Salz und Pfeffer würzen. Das Haschee in eine vorgewärmte Servierschüssel füllen, mit Basilikumzweigen garnieren und mit warmem Brot servieren.

Gemüse süß-sauer

Für 4 Personen **Vorbereitung: 45 Min.** **Garzeit: 30 Min.**

Dieses Gericht stammt ursprünglich aus Persien, nicht aus China, wie man meinen könnte. Die Kombination von gebratenen Auberginen, Minze, Zucker und Essig schmeckt fantastisch.

ZUTATEN

2 große Auberginen
Salz und Pfeffer
6 EL Olivenöl
4 Knoblauchzehen, zerdrückt
1 Zwiebel, geachtelt
4 große Tomaten, entkernt und gehackt
3 EL frisch gehackte Minze
150 ml Gemüsebrühe (siehe Seite 13)
4 TL brauner Zucker
2 EL Rotweinessig
1 TL Chiliflocken
frische Minzezweige, zum Garnieren

NÄHRWERTANGABEN	
Kilokalorien	218
Eiweiß	3 g
Kohlenhydrate	14 g
Zucker	12 g
Fett	17 g
davon gesättigt	3 g

Variation

Chiliflocken verleihen dem Gericht eine intensive Schärfe. Falls Sie es milder mögen, ersetzen Sie sie durch 1 Teelöffel frisch gehackte rote Chili.

1

2

3

Tipp

Verwenden Sie nur feste Auberginen mit glänzender Schale. Große Exemplare müssen vor der Verwendung unbedingt gesalzen werden, kleine hingegen nicht, denn sie besitzen kaum Bitterstoffe.

1 Die Auberginen würfeln, in ein Sieb geben, kräftig salzen und 30 Minuten ruhen lassen, um die Bitterstoffe zu entziehen. Anschließend gründlich abspülen und mit Küchenpapier trockentupfen.

2 Das Öl in einer großen Pfanne erhitzen. Die Auberginen zufügen und bei mittlerer Hitze 1–2 Minuten unter Rühren leicht goldbraun anbraten. Anschließend Knoblauch und Zwiebel zugeben und 2–3 Minuten unter Rühren mitbraten.

3 Tomaten, Minze und Brühe einrühren, dann die Hitze reduzieren, die Pfanne abdecken und das Gemüse etwa 15–20 Minuten köcheln lassen, bis die Auberginen gar sind.

4 Zucker, Essig und Chiliflocken zufügen. Alles mit Salz und Pfeffer würzen und weitere 2–3 Minuten unter Rühren kochen.

5 Das fertige Gemüse in eine vorgewärmte Servierschüssel füllen, mit frischen Minzezweigen garnieren und sofort servieren.

Gemüse-Chili

Garzeit: 1 Std. 20 Min. **Vorbereitung: 10 Min.** **Für 4 Personen**

NÄHRWERTANGABEN	
Kilokalorien	213
Eiweiß	12 g
Kohlenhydrate	21 g
Zucker	11 g
Fett	10 g
davon gesättigt	5 g

Variation

Falls Sie es schärfer mögen, können Sie dem Gericht beim Nachwürzen in Schritt 5 neben Salz und Pfeffer auch etwas mehr Chilipulver beifügen.

Dieses herzhafte und äußerst aromatische Gericht kann gut allein serviert und als Vorspeise oder Snack verzehrt werden. Es schmeckt aber auch gut als Sauce zu Reis oder Kartoffeln.

ZUTATEN

1 mittelgroße Aubergine, in 2,5 cm dicken Scheiben
1 EL Olivenöl, plus etwas mehr zum Bestreichen
1 große rote oder weiße Zwiebel, fein gehackt
2 rote oder gelbe Paprika, fein gewürfelt
3–4 Knoblauchzehen, fein gehackt oder zerdrückt
800 g gehackte Tomaten aus der Dose
1 EL mildes Chilipulver
½ TL gemahlener Kreuzkümmel
½ TL getrockneter Oregano
Salz und Pfeffer
2 kleine Zucchini, längs geviertelt und in Scheiben
400 g Kidney-Bohnen aus der Dose, abgespült und abgetropft
450 ml Wasser
1 EL Tomatenmark
6 Frühlingszwiebeln, fein gehackt
115 g Gouda, gerieben

Tipp

Wer die violette Schale der Auberginen nicht mag, kann sie zu Beginn der Zubereitung auch entfernen.

1 Die Auberginenscheiben von einer Seite mit Öl bestreichen. ½ Esslöffel Öl in einer großen tiefen Pfanne bei mittlerer Hitze erwärmen. Die Auberginen mit der geölten Seite nach oben hineinlegen und 5–6 Minuten anbraten. Wenden, von der anderen Seite anbraten und auf einen Teller legen. Dann in mundgerechte Stücke schneiden.

2 Das restliche Öl in der Pfanne bei mittlerer Hitze erwärmen. Dann Zwiebel und Paprika zugeben, abdecken und etwa 3–4 Minuten unter gelegentlichem Rühren dünsten, bis die Zwiebel weich, aber nicht braun ist. Anschließend den Knoblauch zugeben und weitere 2–3 Minuten dünsten, bis die Zwiebel hellbraun wird.

3 Tomaten, Chilipulver, Kreuzkümmel und Oregano zufügen. Mit Salz und Pfeffer würzen und kurz aufkochen. Dann die Hitze reduzieren und das Chili 15 Minuten köcheln lassen.

4 Zucchini, Auberginen und Kidney-Bohnen in die Pfanne geben. Wasser und Tomatenmark unterrühren. Die Pfanne abdecken und weiter köcheln lassen, bis das Gemüse weich ist.

5 Das fertige Chili eventuell nachwürzen, dann auf vorgewärmte Teller oder Schalen verteilen, mit Frühlingszwiebeln und Käse bestreuen und sofort servieren.

Pikantes Gemüse-Curry

Für 4 Personen **Vorbereitung: 10 Min.** **Garzeit: 45 Min.**

Weißer Reis und frisches warmes Naan-Brot sind die perfekten Beilagen zu diesem ebenso farbenfrohen wie köstlichen Curry.

ZUTATEN

1 Aubergine
225 g weiße Rüben
350 g neue Kartoffeln
225 g Blumenkohl
225 g kleine Champignons
1 große Zwiebel
3 Karotten
6 EL Ghee
2 Knoblauchzehen, zerdrückt
4 TL fein gehackte Ingwerwurzel
1–2 frische grüne Chillies, entkernt und gehackt
1 EL Paprikapulver
2 TL gemahlener Koriander
1 EL mildes oder mittelscharfes Currypulver
450 ml Gemüsebrühe (siehe Seite 13)
400 g gehackte Tomaten aus der Dose
Salz
1 grüne Paprika, in Streifen
1 EL Speisestärke
150 ml Kokosmilch
2–3 EL gemahlene Mandeln
frische Korianderzweige, zum Garnieren
gekochter Reis, zum Servieren

NÄHRWERTANGABEN	
Kilokalorien	421
Eiweiß	12 g
Kohlenhydrate	42 g
Zucker	20 g
Fett	24 g
davon gesättigt	3 g

Variation

Falls Ghee nicht erhältlich sein sollte, können Sie auch Pflanzenöl verwenden. Weiße Rüben lassen sich gut durch Kohlrüben ersetzen.

Tipp

Ghee, ein indisches Bratfett aus geklärter Butter, lässt sich stark erhitzen, ohne anzubrennen, da es von Milchrückständen, Salz und Zucker befreit ist. Ghee gibt es in indischen Lebensmittelgeschäften.

1 Aubergine, Rüben und Kartoffeln in 1 cm große Würfel schneiden. Den Blumenkohl in Röschen teilen. Die Pilze ganz lassen oder in breite Scheiben schneiden. Die Zwiebel in Ringe, die Karotten in Scheiben schneiden.

2 Das Ghee in einem großem Topf erhitzen. Zwiebel, Rüben, Kartoffeln und Blumenkohl zugeben und unter ständigem Rühren 3 Minuten dünsten.

3 Knoblauch, Ingwer, Chillies, Paprikapulver, Koriander und Currypulver zufügen und 1 Minute mitdünsten.

4 Brühe, Tomaten, Aubergine und Pilze einrühren. Salzen, abdecken und etwa 15 Minuten köcheln lassen, bis das Gemüse gar ist; dabei gelegentlich umrühren. Dann die Paprika zugeben, den Topf abdecken und alles weitere 5 Minuten kochen.

5 Speisestärke und Kokosmilch zu einer glatten Paste verrühren und mit dem Gemüse vermengen. Die Mandeln zugeben und alles 2 Minuten köcheln lassen; dabei ständig rühren. Das fertige Gericht abschmecken, mit Korianderzweigen garnieren und noch heiß mit Reis servieren.

Kartoffel-Curry mit Spinat

Für 4 Personen **Vorbereitung: 10 Min.** **Garzeit: 15 Min.**

Kartoffeln werden in der thailändischen Küche eher selten verwendet. Dieses Rezept bildet eine leckere Ausnahme.

ZUTATEN

2 Knoblauchzehen, fein gehackt
3-cm-Stück Galgant, fein gehackt
1 Stängel Zitronengras, fein gehackt
1 TL Koriandersamen
3 EL Pflanzenöl
2 TL thailändische rote Currypaste
½ TL gemahlene Kurkuma
200 ml Kokosmilch
250 g Kartoffeln, geschält und gewürfelt
100 ml Gemüsebrühe (siehe Seite 13)
200 g frischer junger Spinat, gewaschen
1 kleine Zwiebel, in Ringen, geröstet

NÄHRWERTANGABEN	
Kilokalorien	160
Eiweiß	3 g
Kohlenhydrate	15 g
Zucker	4 g
Fett	10 g
davon gesättigt	1 g

Tipp

Wählen Sie für dieses Gericht eine fest kochende Kartoffelsorte, denn mehlige Sorten zerfallen sehr rasch und lassen das Curry dadurch unappetitlich erscheinen.

1 Knoblauch, Galgant, Zitronengras und Koriandersamen in einem Mörser sorgfältig zu einer glatten Paste verarbeiten.

2 In einem Wok oder einer Pfanne 2 Esslöffel Öl erhitzen. Die Gewürzpaste zufügen und etwa 30 Sekunden anbraten. Dann Currypaste und Kurkuma einrühren. Zuletzt die Kokosmilch zugießen und alles zum Kochen bringen.

3 Kartoffeln und Brühe in den Wok oder die Pfanne geben und die Mischung erneut aufkochen. Die Hitze reduzieren und das Curry ohne Deckel 10–12 Minuten köcheln lassen, bis die Kartoffeln fast gar sind.

4 Den Spinat einrühren und mitköcheln lassen, bis die Blätter zusammenfallen.

5 Das fertige Curry auf einem Servierteller anrichten, mit den Röstzwiebeln bedecken und sofort servieren.

Würziges Cashew-Curry

Garzeit: 25 Min.

Vorbereitung: 8 Std. 15 Min.

Für 4 Personen

Sie können dieses Gericht mit einfachem weißem Reis servieren. Besonders gut aber schmeckt es als Beilage zu Fleisch- oder Gemüse-Currys.

NÄHRWERTANGABEN	
Kilokalorien	455
Eiweiß	13 g
Kohlenhydrate	16 g
Zucker	6 g
Fett	39 g
davon gesättigt	11 g

ZUTATEN

250 g ungesalzene Cashewkerne

1 TL Koriandersamen

1 TL Kreuzkümmelsamen

2 Kardamomkapseln, zerdrückt

1 EL Sonnenblumenöl

1 Zwiebel, in dünnen Ringen

1 Knoblauchzehe, zerdrückt

1 grüne Chili, entkernt und gehackt

1 Zimtstange

½ TL gemahlene Kurkuma

4 EL Kokoscreme

300 ml heiße Gemüsebrühe (siehe Seite 13)

3 Kaffir-Limettenblätter, in Streifen

gekochter Jasminreis, zum Servieren

1 Die Cashewkerne über Nacht in kaltem Wasser einweichen. Anschließend gut abtropfen lassen. Koriander, Kreuzkümmel und Kardamomkapseln in einem Mörser fein zerstoßen.

2 Das Öl in einer großen Pfanne erhitzen. Zwiebel und Knoblauch darin etwa 2–3 Minuten weich dünsten, aber nicht anbräunen. Dann die Chili, die zerstoßenen Gewürze, Zimt und Kurkuma zugeben und 1 Minute mitbraten.

3 Die Kokoscreme und die Brühe zugießen und zum Kochen bringen. Dann Cashewkerne und Limettenblätter zufügen. Die Hitze reduzieren und das Curry abgedeckt 20 Minuten köcheln lassen; dabei gelegentlich umrühren. Das fertige Gericht noch heiß zu Jasminreis servieren.

Tipp

Frisch gemahlene oder zerstoßene Gewürze schmecken besonders aromatisch. Ersatzweise können Sie aber auch die leichter erhältlichen, bereits vorgemahlenen Gewürze verwenden.

Wintergemüse mit Käsefleckchen

Garzeit: 40 Min. **Vorbereitung: 20 Min.** **Für 4 Personen**

NÄHRWERTANGABEN	
Kilokalorien	734
Eiweiß	27 g
Kohlenhydrate	96 g
Zucker	22 g
Fett	30 g
davon gesättigt	16 g

Variation

Anstelle des Blumenkohls und der Kohlrüben können Sie nach Belieben auch einmal Brokkoli und weiße Rüben verwenden.

Für diesen Wintertopf werden frische Gemüse der Saison mit Linsen verfeinert und von knusprigen Käsefleckchen umrahmt.

ZUTATEN

- **1 EL Olivenöl**
- **1 Knoblauchzehe, zerdrückt**
- **8 kleine Zwiebeln, halbiert**
- **2 Selleriestangen, in Scheiben**
- **225 g Kohlrüben, gewürfelt**
- **2 Karotten, in Scheiben**
- **½ kleiner Blumenkohl, in Röschen**
- **225 g Champignons, in Scheiben**
- **400 g gehackte Tomaten aus der Dose**
- **55 g rote Linsen, gewaschen**
- **2 EL Speisestärke**
- **3–4 EL Wasser**
- **300 ml Gemüsebrühe (siehe Seite 13)**
- **2 TL Tabasco**
- **2 TL frisch gehackter Oregano**
- **frische Oreganozweige, zum Garnieren**

KÄSEFLECKCHEN

- **225 g Mehl**
- **2¼ TL Backpulver**
- **1 Prise Salz**
- **4 EL Butter**
- **115 g mittelalter Gouda, gerieben**
- **2 TL frisch gehackter Oregano**
- **1 Ei, leicht verquirlt**
- **150 ml Milch**

Tipp

Damit die Käsefleckchen nicht nur gut schmecken, sondern auch dekorativ aussehen, empfiehlt es sich, sie mit einem gewellten Plätzchenausstecher in Form zu bringen.

1. Das Öl in einer Pfanne erhitzen. Knoblauch und Zwiebeln darin 5 Minuten bei geringer Hitze dünsten. Dann Sellerie, Rüben, Karotten und Blumenkohl zufügen und etwa 2–3 Minuten mitdünsten.

2. Champignons, Tomaten und Linsen in die Pfanne geben. Speisestärke und Wasser in einer kleinen Schale zu einer glatten Paste verrühren. Die Paste mit Brühe, Tabasco und Oregano in die Pfanne geben und gut untermengen. Die Mischung in eine Auflaufform umfüllen und bei 180 °C im vorgeheizten Backofen 20 Minuten backen.

3. Für die Käsefleckchen Mehl, Backpulver und Salz in eine Schüssel sieben. Die Butter mit den Fingerspitzen einkneten, dann den Großteil des Goudas und den Oregano unterheben. Das Ei mit der Milch in einer kleinen Schale verquirlen und so viel davon unter die Mehlmischung rühren, dass ein weicher Teig entsteht. Diesen durchkneten, 1 cm dick ausrollen und zu Scheiben von 5 cm Durchmesser ausstechen.

4. Das Gemüse aus dem Backofen nehmen und die Temperatur auf 200 °C erhöhen. Die Teigscheiben fächerförmig am Rand der Auflaufform anrichten, mit der restlichen Ei-Milch-Mischung bestreichen und mit dem übrigen Käse bestreuen. Den Auflauf 10–12 Minuten backen, dann mit Oreganozweigen garniert servieren.

Blumenkohlauflauf

Für 4 Personen **Vorbereitung: 10 Min.** **Garzeit: 40 Min.**

Die kleinen roten Tomaten bilden einen appetitlichen Kontrast zum Weiß und Grün von Blumenkohl und Kräutern – ein Genuss für Gaumen und Augen.

NÄHRWERTANGABEN	
Kilokalorien	305
Eiweiß	15 g
Kohlenhydrate	31 g
Zucker	9 g
Fett	14 g
davon gesättigt	6 g

ZUTATEN

500 g Blumenkohl, in Röschen
600 g Kartoffeln, gewürfelt
100 g Kirschtomaten
frisch gehackte glatte Petersilie, zum Garnieren

SAUCE

25 g Butter oder Margarine
1 Porreestange, in Ringen
1 Knoblauchzehe, zerdrückt
3 EL Mehl
300 ml Milch
85 g gemischter Käse, z. B. Emmentaler, Parmesan und Gruyère, gerieben
½ TL Paprikapulver
2 EL frisch gehackte glatte Petersilie
Salz und Pfeffer

Variation

Sie können statt des Blumenkohls auch Brokkoli oder Romanesco verwenden. Oder Sie mischen alle drei Gemüsesorten.

2

3

3

Tipp

Achten Sie beim Kauf des Blumenkohls auf einen festen, weißen Kopf ohne braune Flecken, der einen dichten Kranz grüner Blätter aufweist.

1 Den Blumenkohl 10 Minuten in kochendem Wasser kochen, dann abgießen und zur Seite stellen. Die Kartoffeln ebenfalls 10 Minuten in kochendem Wasser garen, dann abgießen und beiseite stellen.

2 Für die Sauce Butter oder Margarine in einem Topf erhitzen. Porree und Knoblauch darin 1 Minute andünsten. Dann das Mehl unterrühren und unter ständigem Rühren 1 Minute anschwitzen. Den Topf vom Herd nehmen und nach und nach Milch, 50 g Käse, Paprikapulver und Petersilie einrühren. Anschließend den Topf auf den Herd zurückstellen, den Inhalt unter ständigem Rühren aufkochen und mit Salz und Pfeffer abschmecken.

3 Den Blumenkohl und die Tomaten in eine tiefe Auflaufform geben, mit den Kartoffeln bedecken, mit der Sauce übergießen und mit dem restlichen Käse bestreuen.

4 Den Auflauf bei 180 °C im vorgeheizten Backofen 20 Minuten gratinieren, bis das Gemüse gar und der Käse goldbraun ist und Blasen wirft. Das fertige Gericht mit Petersilie garnieren und sofort servieren.

Gemüsegratin mit Kartoffelkruste

Garzeit: 1 Std. 15 Min. **Vorbereitung: 20 Min.** **Für 4 Personen**

NÄHRWERTANGABEN	
Kilokalorien	413
Eiweiß	19 g
Kohlenhydrate	41 g
Zucker	11 g
Fett	18 g
davon gesättigt	11 g

Variation

Für dieses Gericht eignet sich jede Art von blanchiertem Gemüse, zur Not auch aufgetaute Tiefkühlware. Erbsen kann man sogar gefroren zugeben.

Dieses nahrhafte Gericht steckt voller knackiger Gemüse, die mit einer köstlichen Weißweinsauce verfeinert werden.

ZUTATEN

1 Karotte, gewürfelt
175 g Blumenkohlröschen
175 g Brokkoliröschen
1 Fenchelknolle, in Scheiben
85 g grüne Bohnen, halbiert
25 g Butter
25 g Mehl
150 ml Gemüsebrühe (siehe Seite 13)
150 ml trockener Weißwein
150 ml Milch
2 EL frisch gehackter Salbei
175 g braune Champignons, geviertelt

KARTOFFELKRUSTE

900 g mehlig kochende Kartoffeln, gewürfelt
25 g Butter
4 EL Naturjoghurt
70 g Parmesan, gerieben
1 TL Fenchelsamen
Salz und Pfeffer

1

2

4

Tipp

Eine besonders cremige Kartoffelkruste erhalten Sie, wenn Sie das Püree in Schritt 3 nach dem Einarbeiten von Joghurt und Butter 1–2 Minuten mit einem elektrischen Handrührgerät aufschlagen.

1 Karotte, Blumenkohl, Brokkoli, Fenchel und Bohnen 10 Minuten in kochendem Wasser garen. Abgießen und beiseite stellen.

2 Die Butter zerlassen, das Mehl einrühren und 1 Minute unter Rühren anschwitzen, dann vom Herd nehmen. Brühe, Wein und Milch einrühren und kurz aufkochen. Dabei ständig rühren, bis die Flüssigkeit eingedickt ist, zuletzt Gemüse, Salbei und Pilze einrühren.

3 Für die Kruste die Kartoffeln 10–15 Minuten in kochendem Wasser garen, dann abgießen und mit Butter, Joghurt sowie der Hälfte des Käses zu Püree zerstampfen. Die Fenchelsamen einrühren, und die Masse mit Salz und Pfeffer abschmecken.

4 Die Gemüsemischung in eine quadratische Auflaufform (1 l Inhalt) füllen, mit dem Kartoffelpüree bedecken, mit dem restlichen Käse bestreuen und bei 190 °C im vorgeheizten Backofen etwa 30–35 Minuten gratinieren, bis das Kartoffelpüree goldbraun und knusprig ist. Anschließend sofort servieren.

Reis & Nudeln

Reis zählt zu den vielseitigsten Küchenzutaten überhaupt. Ob Gemüse, Fleisch, Geflügel, Fisch oder Meeresfrüchte – alle lassen sich ausgezeichnet mit Reis kombinieren. Kein Wunder also, dass fast jedes Land mit zumindest einem Reisklassiker aufwarten kann. Einer der berühmtesten ist der italienische Risotto, der in diesem Kapitel mit drei köstlichen Varianten vertreten ist.

Nudeln spielen ebenfalls eine entscheidende Rolle in den Küchen der Welt – nur selten jedoch werden Nudelgerichte in nur einem Topf zubereitet. Meist benötigt man für die Sauce zumindest einen zusätzlichen Topf. Doch die Ausnahme bestätigt die Regel – was so raffinierte Gerichte wie Nudeln mit Knoblauch & Pinienkernen *(Seite 195) und die* Asiatische Gemüsepfanne mit Nudeln *(Seite 200) überzeugend unter Beweis stellen.*

Die folgenden Rezepte bieten Reis- und Nudelliebhabern für jeden Anlass das Richtige. Verwöhnen Sie Ihre Gäste mit Spanischem Reis mit Huhn *(Seite 175), mit dem unwiderstehlichen* Jambalaya *(Seite 184) oder dem zartschmelzenden* Risotto quattro formaggi *(Seite 188). Schnell zubereitete Familiengerichte sind z. B. das* Schweinefleisch-Haschee *(Seite 180) und die* Pasta mit Pesto *(Seite 202) oder für die kalte Küche der* Insalata tricolore *(Seite 194).*

Huhn mit Reis auf griechische Art

Für 4 Personen **Vorbereitung: 15 Min.** **Garzeit: 40–45 Min.**

Sein besonderes Aroma erhält dieses Gericht durch große, in Öl eingelegte griechische Oliven und echten Feta aus Schafsmilch.

ZUTATEN

8 Hähnchenschenkel
2 EL Sonnenblumenöl
1 Zwiebel, gehackt
2 Knoblauchzehen, fein gehackt
175 g Langkornreis
225 ml Hühnerbrühe (siehe Seite 13)
800 g gehackte Tomaten aus der Dose
1 EL frisch gehackter Thymian
2 EL frisch gehackter Oregano
12 schwarze Oliven, entsteint und gehackt
55 g Feta, zerbröckelt
frische Oreganozweige, zum Garnieren

NÄHRWERTANGABEN	
Kilokalorien	417
Eiweiß	25 g
Kohlenhydrate	47 g
Zucker	8 g
Fett	16 g
davon gesättigt	3 g

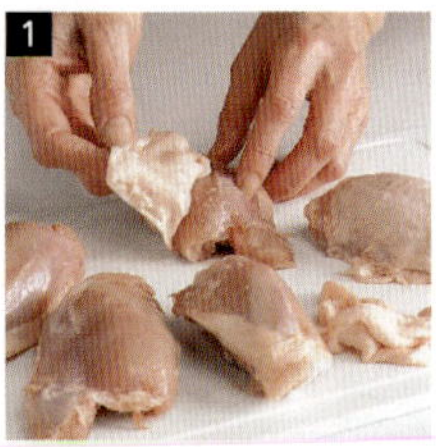

Tipp

Fleisch von Hühnern aus Freilandhaltung ist zwar etwas teurer, schmeckt aber besser als das von Tieren aus Käfighaltung. Tiefgefrorenes Fleisch muss vor der Verarbeitung gründlich aufgetaut sein.

1. Die Haut von den Hähnchenschenkeln entfernen und wegwerfen. Das Öl in einer backofenfesten Kasserolle erhitzen und die Schenkel darin – eventuell portionsweise – bei mittlerer Hitze 8–10 Minuten goldbraun anbraten; dabei gelegentlich wenden. Anschließend das Fleisch auf einem Teller beiseite stellen.

2. Zwiebel, Knoblauch, Reis und etwa 50 ml Brühe in die Kasserolle geben und alles 5 Minuten unter Rühren kochen, bis die Zwiebel weich geworden ist. Anschließend die restliche Brühe, die Tomaten und Kräuter einrühren.

3. Das Fleisch in die Kasserolle zurückgeben; die Schenkel dabei leicht in Sauce und Reis drücken. Aufkochen, dann die Hitze reduzieren, den Topf abdecken und das Gericht 25–30 Minuten köcheln lassen, bis das Fleisch gar ist. Nun die Oliven einrühren, das Gericht mit Feta bestreuen, mit Oreganozweigen garnieren und servieren.

Spanischer Reis mit Huhn

Garzeit: 1 Std. 10 Min. **Vorbereitung: 15 Min.** **Für 4 Personen**

Dieses delikate Reisgericht erhält durch Safran seine warme gelbe Farbe. Milde grüne Chillies sorgen für einen würzigen Geschmack.

NÄHRWERTANGABEN	
Kilokalorien	616
Eiweiß	52 g
Kohlenhydrate	47 g
Zucker	7 g
Fett	24 g
davon gesättigt	5 g

ZUTATEN

1,25 kg Hühnerteile
Salz und Pfeffer
3 EL Olivenöl
2 Zwiebeln, halbiert und in Streifen
175 g Langkornreis
125 ml trockener Weißwein
1 Msp. Safranfäden, leicht zerdrückt
350 ml Hühnerbrühe (siehe Seite 13)
1–2 milde grüne Chillies, z. B. Serrano, klein gehackt
2 Knoblauchzehen, fein gehackt
2 Fleischtomaten, gehäutet, entkernt und gehackt
frische Korianderzweige, zum Garnieren

1 Die Hühnerteile mit Salz und Pfeffer würzen. 2 Esslöffel Öl in einer Kasserolle erhitzen. Die Schenkel darin bei mittlerer Hitze 8–10 Minuten goldbraun anbraten; dabei gelegentlich wenden. Anschließend das Fleisch auf einem Teller beiseite stellen.

2 Das restliche Öl in die Kasserolle geben. Die Zwiebeln darin bei geringer Hitze unter gelegentlichem Rühren 5 Minuten weich dünsten. Dann den Reis 2 Minuten mitdünsten, bis alle Körner glasig sind.

3 Den Wein zugießen und die Mischung zum Kochen bringen. Dann die Hitze reduzieren, die Kasserolle abdecken und den Reis etwa 8 Minuten köcheln lassen, bis er die gesamte Flüssigkeit aufgesogen hat. Safran und Brühe mischen und über den Reis gießen. Dann Chillies und Knoblauch einrühren und alles salzen. Abdecken und 15 Minuten köcheln lassen.

4 Die Tomaten zufügen und die Hühnerteile in die Kasserolle zurückgeben; die einzelnen Teile dabei leicht in Sauce und Reis drücken. Anschließend die Kasserolle erneut abdecken und weitere 25 Minuten köcheln lassen, bis das Fleisch gar ist. Das fertige Gericht mit Korianderzweigen garnieren und sofort servieren.

Variation

Wer dem Gericht noch mehr Farbe verleihen will, kann ihm 140 g in dünne Streifen geschnittene eingelegte Pimientos (spanische Paprika) beifügen.

Reis nach Südstaaten-Art

Garzeit: 30 Min. **Vorbereitung: 35 Min.** **Für 4 Personen**

NÄHRWERTANGABEN	
Kilokalorien	394
Eiweiß	26 g
Kohlenhydrate	36 g
Zucker	5 g
Fett	17 g
davon gesättigt	3 g

Variation

Wer keinen Sellerie mag oder einen milderen Geschmack bevorzugt, kann anstelle des Selleries auch Zucchini verwenden.

Dieses leicht gewürzte, gehaltvolle Gericht stammt aus Louisiana. Es ist sehr rasch und unkompliziert zubereitet.

ZUTATEN

4 EL Sonnenblumen- oder Maiskeimöl
225 g Schweinehack
1 Zwiebel, gehackt
1 Knoblauchzehe, fein gehackt
1 Aubergine, gewürfelt
1 grüne Paprika, gewürfelt
2 Selleriestangen, gewürfelt
1 TL Paprikapulver
1 TL Cayennepfeffer
1 EL frisch gehackter Thymian
Salz und Pfeffer
450 ml Hühnerbrühe (siehe Seite 13)
225 g Hühnerleber, klein geschnitten
140 g Langkornreis
1 Lorbeerblatt
3 EL frisch gehackte Petersilie

1

2

3

Tipp

Damit Reis beim Kochen nicht zu stark verklebt, kann man ihn vorher unter fließend kaltem Wasser abspülen. Dadurch wird ein Teil Stärke entfernt, die für die Klebefähigkeit verantwortlich ist.

1 Das Öl in einer großen Pfanne erhitzen. Das Hackfleisch darin bei mittlerer Hitze 8–10 Minuten unter Rühren rundum bräunen.

2 Zwiebel, Knoblauch, Aubergine, Paprika, Sellerie, Paprikapulver, Cayennepfeffer und Thymian einrühren und alles mit Salz und Pfeffer würzen. Die Pfanne abdecken und den Inhalt unter gelegentlichem Rühren 5 Minuten dünsten. Dann die Brühe unterrühren; dabei eventuelle Bratrückstände vom Pfannenboden lösen. Die Pfanne abermals abdecken und den Inhalt 5 Minuten köcheln lassen.

3 Die Leber zufügen und 2–3 Minuten mitkochen. Reis und Lorbeerblatt untermengen. Die Pfanne abdecken und den Inhalt 7 Minuten köcheln lassen. Dann die Pfanne vom Herd nehmen, aber den Deckel nicht abheben. Das Gericht weitere 15 Minuten abgedeckt ziehen lassen, bis der Reis gar ist. Dann den Reis mit einer Gabel auflockern, die Petersilie einrühren und das Gericht sofort servieren.

Baskisches Huhn

Für 4 Personen **Vorbereitung: 15 Min.** **Garzeit: 1 Std. 20 Min.**

Paprika sind eine gern verwendete Zutat in der baskischen Küche. Hier werden sie mit feinstem luftgetrockneten Bayonne-Schinken kombiniert.

NÄHRWERTANGABEN	
Kilokalorien	559
Eiweiß	50 g
Kohlenhydrate	44 g
Zucker	8 g
Fett	21 g
davon gesättigt	6 g

ZUTATEN

1 Poularde (etwa 1,3 kg), in 8 Teilen
Mehl, zum Bestäuben
Salz und Pfeffer
3 EL Olivenöl
1 Gemüsezwiebel, in dicken Ringen
2 Paprika, in breiten Streifen
2 Knoblauchzehen
140 g würzige Chorizo (Hartwurst) ohne Haut, in 1 cm dicken Scheiben
1 EL Tomatenmark
200 g weißer Langkornreis oder spanischer Mittelkornreis, z. B. Valencia
450 ml Hühnerbrühe (siehe Seite 13)
1 TL Chiliflocken
½ TL getrockneter Thymian
115 g Bayonne-Schinken oder anderer luftgetrockneter Schinken, gewürfelt
12 eingelegte schwarze Oliven
2 EL frisch gehackte glatte Petersilie

GARNIERUNG

Zitronenscheiben
frische Zweige glatte Petersilie

Variation

Sie können für dieses Gericht jeden luftgetrockneten Schinken verwenden, den Sie mögen oder der Ihr Metzger im Angebot hat.

Tipp

Das Hühnerfleisch wird vor dem Schmoren angebraten, damit es eine appetitliche goldbraune Farbe annimmt. Wenn Ihr Topf nicht groß genug ist, können Sie die einzelnen Stücke auch portionsweise anbraten.

1 Die Fleischteile mit Küchenpapier abtupfen. Mehl, Salz und Pfeffer in einen Gefrierbeutel geben und vermischen, dann die Hühnerteile zugeben. Den Beutel sorgfältig verschließen und kräftig schütteln.

2 In einer Kasserolle 2 Esslöffel Öl bei mittlerer Hitze erwärmen. Dann das Fleisch darin etwa 15 Minuten rundum anbraten. Auf einen Teller legen.

3 Das restliche Öl bei mittlerer Hitze erwärmen und Zwiebel sowie Paprika darin weich dünsten. Knoblauch, Chorizo und Tomatenmark zugeben und 3 Minuten unter Rühren dünsten. Dann den Reis zufügen und 2 Minuten rühren.

4 Brühe, Chillies, Thymian, Salz und Pfeffer einrühren und aufkochen. Das Fleisch wieder zufügen. Abgedeckt bei geringer Hitze etwa 45 Minuten köcheln lassen, bis Fleisch und Reis gar sind.

5 Schinken, Oliven und die Hälfte der Petersilie einrühren. Alles abgedeckt 5 Minuten durchwärmen. Dann mit der restlichen Petersilie bestreuen. Mit Zitronensaft und Petersilienzweigen garniert servieren.

Schweinefleisch-Haschee

Für 4 Personen **Vorbereitung: 10 Min.** **Garzeit: 55 Min.**

Dieses schmackhafte Gericht erfreut jeden gestressten Koch: Einmal im Backofen, können Sie es sich selbst überlassen und ein wohlverdientes Glas Wein genießen.

ZUTATEN

400 g gehackte Tomaten aus der Dose
600–700 ml Rindfleischbrühe (siehe Seite 13)
1 EL Sonnenblumenöl
450 g Schweinehack
1 große Zwiebel, gehackt
1 rote Paprika, gehackt
400 g Langkornreis
1 EL Chilipulver
450 g frische oder tiefgefrorene grüne Bohnen
Salz und Pfeffer

NÄHRWERTANGABEN	
Kilokalorien	625
Eiweiß	34 g
Kohlenhydrate	100 g
Zucker	11 g
Fett	13 g
davon gesättigt	3 g

1 Die Tomaten abgießen; den abtropfenden Saft auffangen. Die Tomaten beiseite stellen und den Saft mit der Brühe auf etwa 850 ml Flüssigkeit auffüllen.

2 Das Öl in einer großen backofenfesten Kasserolle erhitzen. Hackfleisch, Zwiebel und Paprika zufügen und bei mittlerer Hitze etwa 8–10 Minuten unter Rühren anbraten, bis die Zwiebel weich und das Hackfleisch rundum gebräunt und zerfallen ist. Dann den Reis zugeben und unter Rühren 2 Minuten mitbraten.

3 Tomaten, die Saft-Brühe-Mischung, das Chilipulver und die Bohnen in die Kasserolle geben. Alles mit Salz und Pfeffer würzen, dann aufkochen, abdecken und bei 180 °C im vorgeheizten Backofen 40 Minuten schmoren. Das fertige Gericht sofort servieren.

Variation

Mit der gleichen Menge magerem Rinderhack zubereitet, schmeckt dieses Gericht ebenso köstlich. Wer mag, kann die Bohnen durch Erbsen ersetzen.

Reispfanne mit Thunfisch

Garzeit: 10 Min. **Vorbereitung: 10 Min.** **Für 4 Personen**

Bei diesem Rezept können Sie mit übrig gebliebenem Reis vom Vortag ein schmackhaftes neues Gericht zaubern. Bereiten Sie vorher am besten gleich 250 Gramm Reis mehr als üblich zu.

NÄHRWERTANGABEN	
Kilokalorien	460
Eiweiß	20 g
Kohlenhydrate	66 g
Zucker	1 g
Fett	14 g
davon gesättigt	2 g

ZUTATEN

3 EL Erdnuss- oder Sonnenblumenöl
4 Frühlingszwiebeln, gehackt
2 Knoblauchzehen, fein gehackt
200 g Thunfisch in Öl, abgetropft und zerteilt
175 g Mais aus der Dose, abgetropft
1 Hand voll rote Paprikawürfel
750 g gekochter Reis, abgekühlt
2 EL thailändische Fischsauce
1 EL helle Sojasauce
Salz und Pfeffer
2 EL frisch gehackter Koriander, zum Garnieren

1 Das Öl in einem vorgewärmten Wok oder einer großen Pfanne erhitzen. Die Frühlingszwiebeln zufügen und 2 Minuten pfannenrühren. Dann den Knoblauch zugeben und 1 weitere Minute unter Rühren mitbraten.

2 Thunfisch, Mais und Paprikawürfel zufügen und 2 Minuten mitbraten.

3 Reis, Fisch- und Sojasauce in den Wok geben und die Mischung weitere 2 Minuten pfannenrühren. Das fertige Gericht mit Salz und Pfeffer abschmecken und mit gehacktem Koriander garniert sofort servieren.

Tipp

Reste von gekochtem Reis sollten rasch gekühlt, im Kühlschrank gelagert und innerhalb von 24 Stunden verzehrt werden. Der Reis muss kalt und trocken sein, bevor Sie ihn in den Wok geben.

Lamm-Pilaw

Garzeit: 45 Min. **Vorbereitung: 15 Min.** **Für 4 Personen**

NÄHRWERTANGABEN	
Kilokalorien	399
Eiweiß	25 g
Kohlenhydrate	45 g
Zucker	19 g
Fett	13 g
davon gesättigt	4 g

Variation

Anstelle des italienischen Arborio-Reis können Sie für dieses Gericht auch einfachen Langkorn- oder Basmati-Reis verwenden.

Pilaws sind vom Balkan bis hin nach Indien beliebt. Diese Variante erhält durch Safran und Granatapfelsamen ein besonders exotisches Aroma.

ZUTATEN

2–3 EL Pflanzenöl
650 g Lammschulter ohne Knochen, in 2,5 cm großen Würfeln
2 Zwiebeln, grob gehackt
1 TL gemahlener Kreuzkümmel
200 g Arborio-, Langkorn- oder Basmati-Reis
1 EL Tomatenmark
1 TL Safranfäden
100 ml Granatapfelsaft (siehe Tipp)
850 ml Lamm- oder Hühnerbrühe (siehe Seite 13) oder Wasser
120 g getrocknete Aprikosen oder Trockenpflaumen, eingeweicht und halbiert
2 EL Sultaninen
Salz und Pfeffer

GARNIERUNG

2 EL frisch gehackte Minzen
2 EL frisch gehackte Brunnenkresse

Tipp

Granatapfelsaft erhält man in Lebensmittelgeschäften, die Produkte aus dem Nahen Osten verkaufen. Alternativ können Sie ungesüßten Apfel- oder Traubensaft verwenden.

1. Das Öl in einer großen Kasserolle stark erhitzen. Das Fleisch portionsweise zugeben und jeweils 7 Minuten hell anbräunen.

2. Die Zwiebeln zugeben, die Hitze etwas reduzieren und die Zwiebeln 2 Minuten dünsten, bis sie weich sind. Anschließend Kreuzkümmel und Reis zugeben und unter Rühren weitere 2 Minuten dünsten, bis der Reis glasig ist. Tomatenmark und Safranfäden einrühren.

3. Granatapfelsaft und Brühe oder Wasser zugießen und aufkochen, ein- oder zweimal umrühren. Aprikosen oder Pflaumen und Sultaninen einrühren und abschmecken. Die Hitze reduzieren, den Deckel auflegen und 20–25 Minuten köcheln lassen, bis das Lammfleisch gar ist und der Reis die Flüssigkeit aufgesogen hat.

4. Das fertige Gericht mit gehackter Minze und Brunnenkresse bestreuen und sofort servieren.

Jambalaya

Für 6 Personen **Vorbereitung: 20 Min.** **Garzeit: 50–55 Min.**

Die Idee für dieses Cajun-Gericht kam ursprünglich aus Spanien. Die ungewöhnlich schmackhafte Mischung aus Garnelen und Hühnerfleisch macht es zu einem Hit für jedes Brunch-Büfett.

ZUTATEN

- **2 EL Schweineschmalz**
- **1,5 kg Hühnerteile**
- **25 g Mehl**
- **225 g Räucherschinken ohne Schwarte, gewürfelt**
- **1 Zwiebel, gehackt**
- **1 orangefarbene Paprika, in Streifen**
- **350 g Tomaten, gehäutet und gehackt**
- **1 Knoblauchzehe, fein gehackt**
- **1 TL frisch gehackter Thymian**
- **12 rohe Garnelen, ausgelöst**
- **225 g Langkornreis**
- **450 ml Hühnerbrühe (siehe Seite 13) oder Wasser**
- **Salz und Pfeffer**
- **1 Spritzer Tabasco**
- **3 Frühlingszwiebeln, fein gehackt**
- **2 EL frisch gehackte glatte Petersilie**
- **frische Zweige glatte Petersilie, zum Garnieren**

NÄHRWERTANGABEN	
Kilokalorien	570
Eiweiß	59 g
Kohlenhydrate	42 g
Zucker	3 g
Fett	20 g
davon gesättigt	5 g

Variation

Anstelle des Schweineschmalzes können Sie auch 2 Esslöffel Maiskeimöl verwenden.

Tipp

Wer es etwas schärfer mag, kann dem Gericht in Schritt 3 mit den Gewürzen 1 Teelöffel Cayennepfeffer beimengen.

1 Das Schmalz in einer großen backofenfesten Kasserolle zerlassen. Die Hühnerteile zufügen und bei mittlerer Hitze 8–10 Minuten rundum goldbraun anbraten. Anschließend auf einem Teller beiseite stellen.

2 Das Mehl in die Kasserolle geben und bei sehr geringer Hitze etwa 15 Minuten unter Rühren anschwitzen, dabei die Mischung nicht anbrennen lassen. Das Fleisch in die Kasserolle zurückgeben. Dann Schinken, Zwiebel, Paprika, Tomaten, Knoblauch und Thymian zufügen und 10 Minuten unter Rühren dünsten.

3 Garnelen, Reis und Brühe in die Kasserolle geben. Die Mischung mit Salz, Pfeffer und Tabasco würzen, dann aufkochen, die Hitze reduzieren und 15–20 Minuten köcheln lassen, bis der Reis die gesamte Flüssigkeit aufgesogen hat und gar ist. Frühlingszwiebeln und Petersilie einrühren, das Gericht mit Petersilienzweigen garnieren und sofort servieren.

Risotto frutti di mare

Garzeit: 30 Min. **Vorbereitung: 15 Min.** **Für 4 Personen**

NÄHRWERTANGABEN	
Kilokalorien	547
Eiweiß	46 g
Kohlenhydrate	60 g
Zucker	8 g
Fett	15 g
davon gesättigt	6 g

Variation

Statt des Kabeljaus können Sie auch Würfel vom Seeteufelfilet verwenden, die etwas saftiger sind und mit einem feineren Geschmack aufwarten.

Für einen Risotto sollten Sie nur echten italienischen Rundkornreis verwenden. Die Brühe muss portionsweise nachgegossen werden – und zwar jeweils dann, wenn die letzte Portion eingekocht ist.

ZUTATEN

350 g Kabeljaufilet ohne Haut
25 g Butter
1 Zwiebel, gehackt
2 rote Paprika, gehackt
4 Tomaten, gehäutet, entkernt und gehackt
8 küchenfertige Jakobsmuscheln
2 EL Olivenöl
225 g Risotto-Reis (z. B. Arborio)
450 ml Fischfond (siehe Seite 13)
Salz
225 g gekochte Garnelen, ausgelöst
1 EL frisch gehackte glatte Petersilie
2 EL frisch geriebener Parmesan
frische Petersilienzweige, zum Garnieren

1 Den Kabeljau würfeln. Die Hälfte der Butter in einem großen Topf zerlassen. Zwiebel, Paprika und Tomaten zufügen und bei geringer Hitze unter gelegentlichem Rühren weich dünsten. Fisch und Muscheln in den Topf geben und weitere 3 Minuten kochen. Anschließend Fisch, Muscheln und Gemüse mit einem Schaumlöffel aus dem Topf heben und auf einem Teller beiseite stellen.

2 Das Öl mit der restlichen Butter in den Topf geben und sanft erhitzen. Den Reis zufügen und rundum mit der Öl-Butter-Mischung überziehen. Etwa 1 Kelle Fond in den Topf gießen. Den Reis salzen und so lange unter Rühren köcheln lassen, bis er die gesamte Brühe aufgesogen hat – erst dann die nächste Kelle Brühe zugießen. Diesen Vorgang so oft wiederholen, bis der Reis gar und cremig und die gesamte Flüssigkeit verbraucht ist (nach etwa 20 Minuten).

3 Die beiseite gestellte Mischung aus Fisch, Muscheln und Gemüse sowie die Garnelen in den Topf geben und 2 Minuten mit dem Reis erhitzen. Den fertigen Risotto in eine vorgewärmte Servierschüssel füllen, mit gehackter Petersilie und Parmesan bestreuen und mit Petersilienzweigen garniert sofort servieren.

Tipp

Besonders gut nimmt Risotto-Reis den Fond auf, wenn dieser noch leicht köchelt. Sie können ihn während des Kochens in einem zweiten Topf auf dem Herd warm halten.

Risotto quattro formaggi

Für 4 Personen **Vorbereitung: 15 Min.** **Garzeit: 30 Min.**

Dieser klassische Risotto besitzt ein sehr feines Aroma. In Italien wird er oft als Vorspeise gereicht. Aber Vorsicht – er hat es in sich.

ZUTATEN

55 g Taleggio
55 g Fontina
55 g Parmesan
55 g Gorgonzola
40 g Butter
1 Zwiebel, fein gehackt
350 g Risotto-Reis
200 ml trockener Weißwein
1 l heiße Gemüsebrühe (siehe Seite 13)
Salz und Pfeffer
frische Zweige glatte Petersilie, zum Garnieren

NÄHRWERTANGABEN	
Kilokalorien	425
Eiweiß	14 g
Kohlenhydrate	53 g
Zucker	2 g
Fett	17 g
davon gesättigt	11 g

Variation

Sie können diesen Risotto mit jedem Käse zubereiten, achten Sie aber auf eine harmonische Mischung. Empfehlenswert: Dolcelatte, Gruyère, Pecorino.

1. Taleggio, Fontina und Parmesan reiben, den Gorgonzola fein würfeln. Anschließend den gesamten Käse beiseite stellen.

2. Die Butter in einem großen Topf zerlassen. Die Zwiebel zufügen und bei geringer Hitze 5 Minuten unter gelegentlichem Rühren weich dünsten. Dann den Reis einrühren und rundum mit der Buttermischung überziehen. Den Wein zugießen und sanft einköcheln lassen, bis ihn der Reis fast vollständig aufgesogen hat.

3. Etwa 1 Kelle Brühe in den Topf gießen und den Reis unter Rühren so lange köcheln lassen, bis er die gesamte Brühe aufgesogen hat, erst dann die nächste Kelle zugießen. Diesen Vorgang so oft wiederholen, bis der Reis gar und cremig und die gesamte Flüssigkeit verbraucht ist (nach etwa 20 Minuten).

4. Den Herd ausschalten und Gorgonzola, Taleggio, Fontina sowie ein Viertel des Parmesans zum Reis geben. So lange rühren, bis der Käse geschmolzen ist. Anschließend den Risotto mit Salz und Pfeffer abschmecken, in eine vorgewärmte Servierschüssel füllen, mit dem restlichen Parmesan bestreuen und sofort mit Petersilienzweigen garniert servieren.

Risotto primavera

Garzeit: 30 Min. **Vorbereitung: 10 Min.** **Für 4 Personen**

Dieser luftige Risotto wird mit dem ersten Gemüse des Frühlings (primavera) *zubereitet und schmeckt dann auch am besten.*

NÄHRWERTANGABEN	
Kilokalorien	399
Eiweiß	11 g
Kohlenhydrate	54 g
Zucker	4 g
Fett	16 g
davon gesättigt	7 g

ZUTATEN

115 g grüner Spargel, in kurzen Stücken

2 junge Karotten, in dünnen Scheiben

25 g Butter

2 EL Olivenöl

1 weiße Zwiebel, gehackt

2 Knoblauchzehen, fein gehackt

225 g Risotto-Reis

3 EL trockener Weißwein

1 l heiße Gemüsebrühe (siehe Seite 13)

55 g kleine Champignons, halbiert

Salz und Pfeffer

55 g Parmesan, gerieben, zum Servieren

Tipp

Weiße Zwiebeln, in Italien weit verbreitet, sind süßlicher und milder als die hierzulande übliche braune Sorte. Ersatzweise können Sie zu einer roten Zwiebel greifen, die ebenfalls milder ist.

1 Spargel und Karotten in einem Dampfkochtopf bissfest garen oder kurz in kochendem Wasser blanchieren und gut abgießen.

2 Butter und Öl in einem großen Topf erhitzen. Sobald die Butter zerlassen ist, Zwiebel und Knoblauch zufügen und bei geringer Hitze unter gelegentlichem Rühren etwa 5 Minuten weich dünsten. Den Reis einrühren und rundum mit der Öl-Butter-Mischung überziehen. Dann den Wein zugießen und sanft einköcheln lassen, bis der Reis ihn vollständig aufgesogen hat.

3 Etwa 1 Kelle Brühe in den Topf gießen und den Reis unter Rühren so lange köcheln lassen, bis er die gesamte Brühe aufgesogen hat, erst dann die nächste Kelle zugießen. Diesen Vorgang so oft wiederholen, bis der Reis gar und cremig und die gesamte Flüssigkeit verbraucht ist (nach etwa 20 Minuten).

4 Spargel, Karotten und Champignons vorsichtig unter den Reis heben. Alles mit Salz und Pfeffer würzen und weitere 2 Minuten kochen, bis das Gemüse gut erhitzt ist. Anschließend den fertigen Risotto sofort servieren. Den Parmesan separat dazu reichen.

Risi e bisi

Für 4 Personen **Vorbereitung: 15 Min.** **Garzeit: 30 Min.**

Dieses klassische italienische Reisgericht stammt aus Venetien. Der dabei verwendete Pancetta ist in gut sortierten Supermärkten und italienischen Lebensmittelläden erhältlich. Es handelt sich dabei um gepökelten Bauchspeck vom Schwein.

ZUTATEN

- **1 EL Olivenöl**
- **55 g Butter**
- **1 rote Zwiebel, gehackt**
- **1 Knoblauchzehe, fein gehackt**
- **55 g Pancetta, gewürfelt**
- **1,4 l Hühnerbrühe (siehe Seite 13)**
- **250 g frische Erbsen**
- **Salz und Pfeffer**
- **200 g Risotto-Reis**
- **55 g Parmesan**
- **3 EL frisch gehackte glatte Petersilie**
- **Parmesanspäne, zum Garnieren**

NÄHRWERTANGABEN	
Kilokalorien	484
Eiweiß	15 g
Kohlenhydrate	52 g
Zucker	4 g
Fett	25 g
davon gesättigt	13 g

Variation

Wenn Sie tiefgefrorene Erbsen verwenden, fügen Sie sie in Schritt 3 mit der Petersilie hinzu, bevor Sie Butter und Käse unterrühren.

Tipp

Für dieses Gericht sollte man frischen Erbsen den Vorzug vor tiefgefrorenen geben. Denn das Gelingen des Reistopfs hängt sehr von der Zartheit und Frische der Erbsen ab.

1. Das Öl und die Hälfte der Butter in einem großen Topf sanft erhitzen. Sobald die Butter zerlassen ist, Zwiebel, Knoblauch und Pancetta zugeben und bei geringer Hitze 5 Minuten unter gelegentlichem Rühren dünsten, bis die Zwiebel weich ist.

2. Brühe und Erbsen in den Topf geben und alles mit Salz und Pfeffer würzen. Die Mischung aufkochen, dann den Reis einrühren. Die Mischung erneut aufkochen, dann die Hitze reduzieren und das Gericht unter gelegentlichem Rühren 20 Minuten köcheln lassen, bis der Reis gar ist.

3. Unterdessen den Parmesan fein reiben und, sobald der Reis gar ist, mit der Petersilie und der restlichen Butter in den Topf geben. Gut verrühren, bis der Käse geschmolzen ist. Das fertige Gericht in eine vorgewärmte Servierschüssel füllen, mit Parmesanspänen garnieren und sofort servieren.

Linsen-Reis-Schmortopf

Für 4 Personen **Vorbereitung: 15 Min.** **Garzeit: 40 Min.**

Ein ideales Linsengericht für kalte Tage, wenn man ein herzhaftes und zugleich herzerwärmendes Essen braucht.

ZUTATEN

225 g rote Linsen
50 g Langkornreis
1,2 l Gemüsebrühe (siehe Seite 13)
1 Porreestange, in großen Stücken
3 Knoblauchzehen, zerdrückt
400 g gehackte Tomaten aus der Dose
je 1 TL gemahlener Kreuzkümmel, Chilipulver und Garam Masala
1 rote Paprika, in Streifen
100 g kleine Brokkoliröschen
8 Babymaiskolben, längs halbiert
50 g Prinzessbohnen, halbiert
1 EL gezupfte Basilikumblätter
Salz und Pfeffer
frische Basilikumzweige, zum Garnieren

NÄHRWERTANGABEN	
Kilokalorien	312
Eiweiß	20 g
Kohlenhydrate	51 g
Zucker	9 g
Fett	2 g
davon gesättigt	0,4 g

1

2

4

1 Linsen, Reis und Gemüsebrühe in einen großen Topf geben und bei schwacher Hitze unter gelegentlichem Rühren 20 Minuten kochen.

2 Anschließend Porree, Knoblauch, Tomaten mit Saft, Kreuzkümmel, Chilipulver, Garam Masala, Paprika, Brokkoli, Mais und Bohnen in den Topf geben.

3 Das Ganze zum Kochen bringen, dann die Hitze reduzieren, abdecken und weitere 10–15 Minuten köcheln lassen, bis das Gemüse zart ist.

4 Basilikum unterrühren und mit Salz und Pfeffer abschmecken. Mit frischen Basilikumzweigen garnieren und sofort servieren.

Variation

Nach Belieben können Sie für dieses Rezept auch Natur- oder Wildreis verwenden.

Linguine mit Tomatensauce

Garzeit: 10 Min. **Vorbereitung: 40 Min.** **Für 4 Personen**

Dieses leichte Pasta-Gericht ist eine ideale Mahlzeit für laue Sommerabende. Nehmen Sie für die Sauce nur vollreife Tomaten.

NÄHRWERTANGABEN	
Kilokalorien	683
Eiweiß	15 g
Kohlenhydrate	88 g
Zucker	8 g
Fett	33 g
davon gesättigt	4 g

ZUTATEN

4 große Tomaten, gehäutet, entkernt und gewürfelt
2 Knoblauchzehen, fein gehackt
8 frische Basilikumblätter, klein gezupft
1 EL frisch gehackte Petersilie
1 EL frisch gehackter Oregano
150 ml natives Olivenöl extra
Salz und Pfeffer
450 g Linguine
115 g entsteinte schwarze Oliven, gehackt

ZUM SERVIEREN

junger Feldsalat
einige Streifen Rote Bete

1. Die Tomaten in eine flache, metallfreie Schale geben. Knoblauch, Basilikum, Petersilie, Oregano und Öl zufügen. Mit Salz und Pfeffer würzen, gründlich vermengen, mit Frischhaltefolie abdecken und 30 Minuten ziehen lassen.

2. Die Nudeln in einem großen Topf mit reichlich leicht gesalzenem Wasser in 8–10 Minuten *al dente* kochen. Anschließend abgießen und in den Topf zurückgeben.

3. Die Tomaten mitsamt der Marinade sowie die Oliven zufügen und gründlich mit den Nudeln vermengen. Das fertige Gericht sofort mit etwas jungem Feldsalat und einigen Streifen Roter Bete servieren.

Variation

Dieses Gericht können Sie mit jeder langen Nudelsorte zubereiten, z. B. auch mit Spaghetti. Frische Nudeln benötigen nur eine Garzeit von 2–3 Minuten.

Insalata tricolore

Für 4 Personen **Vorbereitung: 10 Min.** **Garzeit: 10 Min.**

Dieser italienisch inspirierte Nudelsalat besticht durch seine frischen Hauptzutaten: Tomaten, Mozzarella, Avocados und Basilikum.

ZUTATEN

175 g Fusilli
Salz und Pfeffer
1 Avocado
6 Tomaten, in dünnen Scheiben
225 g Mozzarella, in dünnen Scheiben
2 EL Pinienkerne, geröstet
frische Basilikumblätter, zum Garnieren

DRESSING

6 EL natives Olivenöl extra
2 EL Weißweinessig
1 TL Dijon-Senf
2 EL Basilikumblätter, in Streifen
1 Prise Zucker

NÄHRWERTANGABEN	
Kilokalorien	593
Eiweiß	22 g
Kohlenhydrate	39 g
Zucker	7 g
Fett	40 g
davon gesättigt	12 g

Tipp

Bereiten Sie die Avocado nicht zu früh zu, da das Fruchtfleisch an der Luft schnell verfärbt. Sie können diesen Prozess jedoch verzögern, indem Sie das Fruchtfleisch leicht mit Zitronensaft einreiben.

1 Die Fusilli in einem großen Topf mit leicht gesalzenem Wasser in etwa 8–10 Minuten *al dente* kochen. Anschließend abgießen, unter fließend kaltem Wasser abschrecken und gründlich abtropfen lassen.

2 Sämtliche Zutaten für das Dressing in einer kleinen Schale sorgfältig vermengen, dann mit Salz und Pfeffer würzen.

3 Die Avocado halbieren, vom Kern befreien und schälen. Anschließend das Fruchtfleisch längs in dünne Scheiben schneiden.

4 Avocado-, Tomaten- und Mozzarellascheiben fächerförmig am Rand eines großen Serviertellers anrichten. Die Hälfte des Dressings über die Nudeln gießen und gut unterheben. Dann die Nudeln auf die Mitte des Tellers geben. Das restliche Dressing über den Salat träufeln. Mit Pinienkernen bestreuen, mit Basilikumblättern garnieren und servieren.

Nudeln mit Knoblauch & Pinienkernen

Garzeit: 10 Min. **Vorbereitung: 10 Min.** **Für 4 Personen**

Nudelgerichte sind für eilige Köche stets die beste Wahl, insbesondere wenn Sauce und Nudeln gleichzeitig zubereitet werden.

NÄHRWERTANGABEN	
Kilokalorien	397
Eiweiß	10 g
Kohlenhydrate	48 g
Zucker	3 g
Fett	20 g
davon gesättigt	2 g

ZUTATEN

250 g Penne
Salz und Pfeffer
3 Knoblauchzehen, grob gehackt
2 Sardellenfilets aus der Dose, abgetropft und grob gehackt
2 EL Kapern aus dem Glas, abgetropft und fein gehackt
1 EL Estragonsenf
50 ml natives Olivenöl extra
4 EL frisch gehackte gemischte Kräuter, z. B. Estragon, Schnittlauch und glatte Petersilie
55 g Pinienkerne, geröstet
1 EL Zitronensaft
Parmesanspäne, zum Garnieren

1

2

3

Tipp

Je nach Sorte, Hersteller und persönlichem Geschmack müssen Nudeln länger oder kürzer kochen. Der beste Gartest: Gegen Ende der Kochzeit eine Nudel herausnehmen und testen.

1 Die Nudeln in einem großen Topf mit leicht gesalzenem Wasser in 8–10 Minuten *al dente* kochen.

2 Unterdessen Knoblauch und Sardellen in einen Mörser geben und zu einer körnigen Paste verarbeiten. Die Paste mit Kapern und Senf in eine Schüssel geben und alles gründlich vermengen.

3 Nach und nach das Öl zugießen und gut unterrühren. Dann Kräuter, Pinienkerne und Zitronensaft zufügen. Alles gut vermengen und mit Salz und Pfeffer würzen.

4 Die Nudeln gründlich abgießen und in den Topf zurückgeben. Die vorbereitete Sauce zugeben und sorgfältig unterheben. Das fertige Gericht mit Parmesanspänen garnieren und sofort servieren.

Paella mit Cashewkernen

Für 4 Personen **Vorbereitung: 15 Min.** **Garzeit: 35 Min.**

Klassische Paella enthält Huhn und Fisch. Hier werden Gemüse und Nüsse für eine wahrhaft leckere und einfache vegetarische Variante verwendet.

ZUTATEN

2 EL Olivenöl
1 EL Butter
1 rote Zwiebel, gehackt
150 g Arborio-Reis
1 TL frische Kurkuma
1 TL gemahlener Kreuzkümmel
½ TL Chilipulver
3 Knoblauchzehen, zerdrückt
1 grüne Chili, entkernt und in Ringen
1 grüne Paprika, gewürfelt
1 rote Paprika, gewürfelt
85 g Babymaiskolben, längs halbiert
2 EL entsteinte schwarze Oliven
1 große Tomate, entkernt und gewürfelt
450 ml Gemüsebrühe (siehe Seite 13)
85 g ungesalzene Cashewkerne
50 g tiefgefrorene Erbsen
2 EL frisch gehackte Petersilie
1 Prise Cayennepfeffer
Salz und Pfeffer
Kräuter, zum Garnieren

NÄHRWERTANGABEN	
Kilokalorien	406
Eiweiß	10 g
Kohlenhydrate	44 g
Zucker	8 g
Fett	22 g
davon gesättigt	6 g

Variation

Ersetzen Sie die Cashewkerne durch geröstete Erdnüsse, und verwenden Sie anstelle der grünen eine rote Chilischote.

Tipp

Achten Sie beim Kauf von frischen Chillies darauf, nur feste, glänzende und schwere Exemplare auszuwählen, und lagern Sie diese ohne Verpackung im Kühlschrank, da sie sonst schnell welk werden.

1 Olivenöl und Butter in einer großen Brat- oder Paella-Pfanne erhitzen, bis die Butter zerlassen ist.

2 Die Zwiebel in der Pfanne bei mittlerer Hitze unter Rühren 2–3 Minuten weich dünsten.

3 Reis, Kurkuma, Kreuzkümmel, Chilipulver, Knoblauch, Chili, Paprika, Babymais, Oliven und Tomaten einrühren und bei mittlerer Hitze unter gelegentlichem Rühren 1–2 Minuten kochen.

4 Die Brühe zugießen und zum Kochen bringen. Dann die Hitze reduzieren und die Paella-Mischung unter ständigem Rühren 20 Minuten kochen.

5 Cashewkerne und Erbsen zugeben und den Reis unter gelegentlichem Rühren weitere 5 Minuten kochen. Zum Schluss mit Salz und Pfeffer abschmecken und mit Petersilie und Cayennepfeffer bestreuen. Die fertige Paella auf vorgewärmte Teller verteilen, garnieren und sofort servieren.

Gemüse-Lasagne

Garzeit: 55 Min. | **Vorbereitung: 35 Min.** | **Für 4 Personen**

NÄHRWERTANGABEN	
Kilokalorien	544
Eiweiß	20 g
Kohlenhydrate	61 g
Zucker	18 g
Fett	26 g
davon gesättigt	12 g

Variation

Für einen etwas anderen Geschmack können Sie den Sellerie durch in mundgerechte Stücke geschnittenen weißen oder grünen Spargel ersetzen.

Diese farbenfrohe Lasagne besteht aus Gemüseschichten in Tomatensauce und Auberginen. Den Abschluss bildet eine Käsesauce.

ZUTATEN

- 1 Aubergine, in dünnen Scheiben
- Salz und Pfeffer
- 3 EL Olivenöl
- 1 rote Zwiebel, halbiert und in Ringen
- 2 Knoblauchzehen, zerdrückt
- 3 gemischte Paprika, gewürfelt
- 225 g gemischte Pilze, in Scheiben
- 2 Selleriestangen, in Scheiben
- 1 Zucchini, gewürfelt
- ½ TL Chilipulver
- ½ TL gemahlener Kreuzkümmel
- 2 Tomaten, gehackt
- 300 g passierte Tomaten
- 2 EL gehacktes Basilikum
- 8 grüne Lasagne-Platten

KÄSESAUCE

- 2 EL Butter oder Margarine
- 1 EL Mehl
- 150 ml Gemüsebrühe (siehe Seite 13)
- 300 ml Milch
- 75 g Gouda, gerieben
- 1 TL Dijon-Senf
- 1 EL gehacktes Basilikum
- 1 Ei, verquirlt

5

5

5

Tipp

Dijon-Senf ist zum Verfeinern von Käsesaucen ideal, denn durch seine Schärfe und sein kräftiges Aroma bringt er den Geschmack des Käses optimal zur Geltung.

1 Die Auberginenscheiben in einen Durchschlag legen, mit Salz bestreuen und 20 Minuten ziehen lassen. Dann abspülen, abtropfen lassen und beiseite stellen.

2 Das Öl in einer Pfanne erhitzen und Zwiebel sowie Knoblauch darin etwa 1–2 Minuten dünsten. Paprika, Pilze, Sellerie und Zucchini zugeben und unter ständigem Rühren 3–4 Minuten dünsten.

3 Die Gewürze einrühren und 1 Minute kochen. Tomaten, passierte Tomaten und Basilikum mischen und mit Salz und Pfeffer würzen.

4 Für die Käsesauce die Butter in einem Topf zerlassen, das Mehl einrühren und 1 Minute anschwitzen. Den Topf vom Herd nehmen, Brühe und Milch einrühren, dann wieder auf den Herd stellen. Die Hälfte des Käses und den Senf zugeben. Die Sauce unter Rühren kochen, bis sie eindickt. Dann das Basilikum einrühren, den Topf erneut vom Herd nehmen und das Ei einrühren.

5 Die Hälfte der Lasagne-Platten in eine Auflaufform geben. Zuerst die halbe Gemüsemischung, dann die Hälfte der Auberginen darauf geben. Wiederholen und mit der Käsesauce abschließen. Mit Käse bestreuen und bei 180 °C im vorgeheizten Backofen 40 Minuten backen.

Asiatische Gemüsepfanne mit Nudeln

Für 4 Personen **Vorbereitung: 5 Min.** **Garzeit: 15–20 Min.**

Ist das Gemüse für dieses ebenso schmackhafte wie gesunde Gericht erst einmal geputzt und geschnitten, ist die weitere Zubereitung nur noch eine Frage von Minuten.

NÄHRWERTANGABEN	
Kilokalorien	240
Eiweiß	7 g
Kohlenhydrate	33 g
Zucker	6 g
Fett	9 g
davon gesättigt	1 g

ZUTATEN

Erdnuss- oder Sonnenblumenöl, zum Frittieren
115 g Reis-Vermicelli, in 7,5 cm große Stücke gebrochen
115 g grüne Bohnen, in kurzen Stücken
2 Karotten, in Stiften
2 Zucchini, in Stiften
115 g Shiitake-Pilze, in Scheiben
2,5-cm-Stück frische Ingwerwurzel, in dünnen Streifen
½ kleiner Chinakohl, in Streifen
4 Frühlingszwiebeln, in Streifen
85 g Bohnensprossen
2 EL dunkle Sojasauce
2 EL chinesischer Reiswein
1 große Prise Zucker
2 EL frisch gehackter Koriander

Variation

Für eine etwas pikantere Variante kann man dem Gemüse in Schritt 2 mit dem Ingwer eine entkernte und in Ringe geschnittene rote Chili zugeben.

1

2

3

Tipp

Besonders appetitlich wirkt diese Gemüsepfanne, wenn Sie die Nudeln als kleines Nest auf dem Gemüse anrichten, anstatt sie, wie in Schritt 3 beschrieben, mit dem Gemüse zu vermengen.

1 Einen vorgeheizten Wok oder eine tiefe Pfanne zur Hälfte mit Öl füllen. Das Öl auf 180–190 °C erhitzen (ein Brotwürfel sollte darin in 30 Sekunden braun werden). Die Reisnudeln portionsweise in das heiße Öl geben und 1,5–2 Minuten darin frittieren, bis sie knusprig sind und sich aufgebauscht haben. Anschließend aus dem Wok nehmen und auf Küchenpapier abtropfen lassen. Sind alle Nudeln frittiert, das gesamte Öl bis auf 2 Esslöffel aus dem Wok abgießen.

2 Das restliche Öl bei starker Hitze erneut erwärmen. Die Bohnen zufügen und 7 Minuten pfannenrühren. Dann Karotten, Zucchini, Pilze und Ingwer in den Wok geben und weitere 2 Minuten pfannenrühren. Zuletzt Chinakohl, Frühlingszwiebeln und Bohnensprossen einrühren und abermals 1 Minute braten.

3 Sojasauce, Reiswein und Zucker mischen, in den Wok gießen und etwa 1 Minute darin erhitzen; dabei ständig rühren, damit sich die Sauce gut mit dem Gemüse verbindet. Dann Nudeln und Koriander zugeben. Alles noch einmal gründlich vermengen, dann das fertige Gericht sofort servieren.

Pasta mit Pesto

Für 4 Personen **Vorbereitung: 10–15 Min.** **Garzeit: 10 Min.**

Traditionell wird Pesto genovese *im Mörser hergestellt. Dank des Mixers kann man ihn heute schneller und leichter herstellen.*

ZUTATEN

450 g Tagliatelle

Salz

frische Basilikumzweige, zum Garnieren

PESTO

2 Knoblauchzehen

25 g Pinienkerne

Meersalz

115 g frische Basilikumblätter

125 ml Olivenöl

55 g Parmesan, gerieben

NÄHRWERTANGABEN	
Kilokalorien	705
Eiweiß	21 g
Kohlenhydrate	85 g
Zucker	4 g
Fett	34 g
davon gesättigt	6 g

Tipp

Fertiger Pesto ist bis zu 1 Monat haltbar, wenn er in ein Schraubgefäß gefüllt, mit einer Schicht Olivenöl bedeckt und gut verschlossen im Kühlschrank gelagert wird.

1 Für den Pesto Knoblauch, Pinienkerne und 1 große Prise Meersalz im Mixer kurz zerkleinern. Dann die Basilikumblätter zufügen und alles zu einer grobkörnigen Paste verarbeiten.

2 Das Öl bei laufendem Motor nach und nach in einem dünnen Strahl zugießen. Die fertige Masse in eine Schüssel füllen und den Parmesan einrühren. Den Pesto abschmecken und eventuell nachsalzen. Die traditionelle Zubereitungsmethode: Knoblauch, Pinienkerne, 1 große Prise Meersalz und die Basilikumblätter in einem Mörser zu einer grobkörnigen Paste zerstoßen. Die Paste in eine Schüssel füllen, den Parmesan einrühren und das Öl nach und nach mit einem Holzlöffel unterheben. Den fertigen Pesto abschmecken und eventuell nachsalzen.

3 Die Nudeln in einem großen Topf mit reichlich leicht gesalzenem Wasser in 8–10 Minuten *al dente* kochen. Anschließend gründlich abgießen, in den Topf zurückgeben und mit der Hälfte des Pestos vermengen. Die Nudeln auf vier vorgewärmte Teller verteilen, mit dem restlichen Pesto bedecken und mit Basilikumzweigen garniert servieren.

Makkaroni-Auflauf

Garzeit: 50 Min. **Vorbereitung: 15 Min.** **Für 4 Personen**

Dieses sehr einfache Familiengericht ist preiswert und leicht zubereitet. Servieren Sie es mit Salat oder frischem grünen Gemüse.

NÄHRWERTANGABEN	
Kilokalorien	592
Eiweiß	28 g
Kohlenhydrate	57 g
Zucker	6 g
Fett	29 g
davon gesättigt	17 g

ZUTATEN

225 g kurze Makkaroni

175 g Gouda, gerieben

100 g Parmesan, gerieben

4 EL frische Semmelbrösel

1 EL frisch gehacktes Basilikum

1 EL Butter, plus etwas mehr zum Einfetten

TOMATENSAUCE

1 EL Olivenöl

1 Schalotte, fein gehackt

2 Knoblauchzehen, zerdrückt

500 g gehackte Tomaten aus der Dose

1 EL frisch gehacktes Basilikum

Salz und Pfeffer

3

3

4

Variation

Ersetzen Sie die Makkaroni durch Penne oder Fusilli, und verwenden Sie nach Belieben Semmelbrösel aus Vollkornbrot.

1 Für die Tomatensauce das Öl in einer Pfanne erhitzen. Schalotte und Knoblauch zugeben und 1 Minute andünsten. Dann Tomaten und Basilikum einrühren, mit Salz und Pfeffer würzen und bei mittlerer Hitze unter ständigem Rühren 10 Minuten kochen.

2 In der Zwischenzeit die Makkaroni in einem großen Topf mit kochendem Salzwasser in 8–10 Minuten *al dente* kochen. Gut abtropfen lassen und beiseite stellen.

3 Gouda und Parmesan in einer Schüssel mischen. Eine tiefe Auflaufform einfetten. Ein Drittel der Tomatensauce auf den Boden der Form geben, darauf ein Drittel der Makkaroni, dann ein Drittel der Käsemischung verteilen. Alles mit Salz und Pfeffer würzen. Die Schichtung zweimal wiederholen und mit einer Lage geriebenem Käse abschließen.

4 Die Semmelbrösel mit dem Basilikum mischen und gleichmäßig über den Auflauf streuen. Butterflöckchen darauf verteilen und den Auflauf in einem auf 190 °C vorgeheizten Backofen 25 Minuten goldbraun backen. Dann sofort servieren.

Italienische Fischsuppe

Garzeit: 25 Min. **Vorbereitung: 10 Min.** **Für 4 Personen**

NÄHRWERTANGABEN	
Kilokalorien	236
Eiweiß	20 g
Kohlenhydrate	25 g
Zucker	4 g
Fett	7 g
davon gesättigt	1 g

Variation

Ersetzen Sie das Basilikum durch 1 Esslöffel frischen oder 1 Teelöffel getrockneten Oregano. Zum Garnieren sollten Sie dann ebenfalls Oregano verwenden.

Diese deftige Suppe schmeckt nach Mittelmeer. Das weiße Fischfleisch behält beim Kochen seine Form und sieht darum sehr appetitlich aus.

ZUTATEN

2 EL Olivenöl
2 rote Zwiebeln, fein gehackt
1 Knoblauchzehe, zerdrückt
2 Zucchini, in Scheiben
400 g Tomaten aus der Dose, gewürfelt
850 ml Fischfond oder Gemüsebrühe (siehe Seite 13)
100 g Farfalle oder Fusilli
350 g fester weißer Fisch, z. B. Kabeljau, Heilbutt oder Seehecht
1 EL frisch gehacktes Basilikum oder Oregano oder 1 TL getrockneter Oregano
1 TL frisch geriebene Zitronenschale
1 EL Speisestärke
1 EL Wasser
Salz und Pfeffer
frisches Basilikum oder frischer Oregano, zum Garnieren

Tipp

Kleine, versteckte Gräten in Fischfilets spüren Sie am besten auf, indem Sie mit den Fingern über das Fleisch streichen und auf harte, spitze Unebenheiten achten. Entfernen Sie diese mit einer Pinzette.

1. Das Öl in einer Pfanne erhitzen, Zwiebeln und Knoblauch zugeben und 5 Minuten glasig dünsten. Zucchini zugeben und weitere 2–3 Minuten dünsten, dabei gelegentlich umrühren.

2. Tomaten und Fond oder Brühe zugießen und aufkochen. Die Nudeln zugeben, die Hitze reduzieren und 5 Minuten köcheln lassen.

3. Den Fisch ausnehmen, häuten, entgräten und in Stücke schneiden. Fisch, Basilikum oder Oregano und Zitronenschale zugeben und 5 Minuten köcheln, bis der Fisch zart ist – nicht zu lange kochen, damit er nicht zerfällt.

4. Die Speisestärke mit dem Wasser verrühren und in die Suppe geben, unter ständigem Rühren 2 Minuten köcheln lassen, bis die Suppe eingedickt ist. Mit Salz und Pfeffer abschmecken und auf vorgewärmten Tellern anrichten, mit Basilikum oder Oregano garnieren und sofort servieren.

Meeresfrüchte-Lasagne

Für 4 Personen **Vorbereitung: 40 Min.** **Garzeit: 1 Std. 10 Min.**

Bei dieser außergewöhnlichen Lasagne kommen neben Fischfilets auch Tomaten- und Béchamelsauce zu ihrem Recht.

ZUTATEN

4 EL Butter, plus etwas mehr zum Einfetten
6 EL Mehl
1 TL Senfpulver
600 ml Milch
2 EL Olivenöl
1 Zwiebel, gehackt
2 Knoblauchzehen, fein gehackt
450 g gemischte Pilze, in Scheiben
150 ml Weißwein
400 g gehackte Tomaten aus der Dose
Salz und Pfeffer
450 g weiße Fischfilets, gehäutet
225 g frische Jakobsmuscheln, ausgelöst
4–6 frische Lasagneblätter
225 g Mozzarella, abgetropft und gewürfelt

NÄHRWERTANGABEN	
Kilokalorien	696
Eiweiß	58 g
Kohlenhydrate	38 g
Zucker	14 g
Fett	33 g
davon gesättigt	3 g

2

3

3

Tipp

Frische Pasta kauft man am besten in einem italienischen Feinkostgeschäft, nicht in großen Supermärkten.

1 Die Butter in einem Topf zerlassen und mit Mehl und Senfpulver glatt rühren. 2 Minuten bei schwacher Hitze anschwitzen, ohne zu bräunen, dann mit der Milch glatt rühren. Aufkochen und die Sauce etwa 2 Minuten köcheln lassen. Vom Herd nehmen und beiseite stellen. Mit Frischhaltefolie abdecken, damit sich keine Haut bildet.

2 Das Öl in einer Pfanne erhitzen und Zwiebel und Knoblauch unter gelegentlichem Rühren darin 5 Minuten bei schwacher Hitze andünsten. Die Pilze zugeben und 5 Minuten mitdünsten. Den Wein einrühren und fast vollständig einkochen. Die Tomaten einrühren und 15 Minuten köcheln lassen. Mit Salz und Pfeffer abschmecken.

3 Die Fischfilets in Würfel schneiden. Eine Auflaufform leicht einfetten. Den Boden mit der Hälfte der Tomatensauce bedecken und die Hälfte der Fische und Muscheln darauf verteilen. Mit der Hälfte der Lasagneblätter belegen, die Hälfte der Béchamelsauce darüber gießen und mit der Hälfte des Mozzarellas bestreuen.

4 Die Schichten wiederholen und mit Mozzarella abschließen. Die Lasagne bei 200 °C im vorgeheizten Backofen 40 Minuten backen, bis der Käse goldgelb ist und die Meeresfrüchte gar sind. Aus dem Backofen nehmen und 10 Minuten ruhen lassen. Direkt aus der Form servieren.

Spaghetti mit Meeresfrüchten

Garzeit: 30 Min. **Vorbereitung: 20 Min.** **Für 4 Personen**

Für dieses Gericht können Sie jede Muschelart verwenden. Sie werden in einem Fischfond gegart und mit Spaghetti vermischt serviert.

NÄHRWERTANGABEN	
Kilokalorien	372
Eiweiß	33 g
Kohlenhydrate	45 g
Zucker	3 g
Fett	5 g
davon gesättigt	1 g

ZUTATEN

450 g frische Miesmuscheln
225 g kleine Tintenfische
225 g frische Garnelen
8 gekochte Krebsscheren
2 TL Olivenöl
1 kleine rote Zwiebel, fein gehackt
1 EL Zitronensaft
1 Knoblauchzehe, zerdrückt
2 Selleriestangen, fein gehackt
150 ml frischer Fischfond (siehe Seite 13)
150 ml trockener Weißwein
1 Bund frischer Estragon, plus 2 EL frisch gehackter Estragon, zum Garnieren
225 g Spaghetti
Salz und Pfeffer

Tipp

Krebsscheren enthalten besonders mageres Fleisch. Da der Panzer recht hart ist, sollten Sie Ihren Fischhändler darum bitten, sie für Sie aufzuknacken, ohne die Enden zu zerbrechen.

1 Die Muscheln (siehe Seite 122) und die Tintenfische (siehe Seite 132) vorbereiten. Die Garnelen auslösen und den Darmfaden entfernen. Die Krebsscheren knacken und auslösen. Alles beiseite stellen.

2 Das Öl in einer Pfanne erhitzen. Die Zwiebel hineingeben und mit Zitronensaft, Knoblauch und Sellerie 3–4 Minuten weich dünsten.

3 Fischfond und Wein zugießen und alles aufkochen. Estragon und Muscheln zufügen. Abgedeckt 5 Minuten kochen. Garnelen, Tintenfisch und Krebsscheren zugeben und weitere 3–4 Minuten kochen, bis der Tintenfisch weißlich, die Garnelen rosa und die Muscheln geöffnet sind. Geschlossene Muscheln wegwerfen. Den Estragon entfernen.

4 Unterdessen in einem Topf die Spaghetti in Salzwasser in 8–10 Minuten *al dente* kochen, abgießen und abtropfen lassen. Die Meeresfrüchte abgießen (den Sud dabei auffangen), unter die Nudeln mischen und mit Salz und Pfeffer abschmecken.

5 Die Nudelmischung auf vorgewärmten Tellern anrichten. Mit dem Muschelsud übergießen und mit dem frisch gehackten Estragon garnieren.

Desserts

Viele Hobby-Köche scheuen den Aufwand, den die Zubereitung eines Desserts mit sich bringt, die meisten Gäste jedoch halten diesen Gang für die Krönung des gesamten Menüs. Die folgende Auswahl an köstlichen Nachspeisen, die alle in einem einzigen Topf zubereitet werden, wird beide Seiten zufrieden stellen.

Egal zu welcher Jahreszeit und für welchen Anlass Sie kochen – ob für ein zwangloses Picknick im Freien, ein winterliches Abendessen oder eine elegante Party –, in diesem Kapitel werden Sie mit Sicherheit einen stilgerechten Abschluss für Ihre Menü-Kreationen finden. Kinder werden sich besonders über die Fruchtigen Pfannkuchenecken (Seite 245) oder die Frittierten Apfelscheiben (Seite 249) freuen, während Sie Erwachsene mit Syllabub (Seite 232) oder mit Beschwipsten Eiscremesaucen (Seite 253) begeistern können. Und wer leichtere Kost bevorzugt, greift auf Fruchtdesserts wie Flambierte Pfirsiche (Seite 233), eisgekühlte Waldfrucht-Granita (Seite 251) oder das Warme Früchtekompott (Seite 242) zurück.

Natürlich müssen Sie auch nicht auf bewährte Klassiker wie Milchreis (Seite 219 und 231) oder Zabaglione (Seite 230) verzichten. Und selbst Dessertkuchen wie Clafoutis (Seite 243) oder Tarte Tatin (Seite 216) gelingen problemlos.

Birnen à la menthe

Für 4 Personen

Vorbereitung: 2 Std. 10 Min.

Garzeit: 40 Min.

Dieses unkomplizierte Dessert schmeckt einfach köstlich. Es kann gut im Voraus zubereitet werden, da die Birnen vor dem Verzehr abkühlen müssen.

ZUTATEN

4 große Birnen

4 EL feiner Zucker

4 EL flüssiger Honig

2 EL grüne Crème de menthe

frische Minzezweige, zum Dekorieren

NÄHRWERTANGABEN	
Kilokalorien	250
Eiweiß	1 g
Kohlenhydrate	62 g
Zucker	62 g
Fett	0 g
davon gesättigt	0 g

Tipp

Wählen Sie für dieses Dessert feste, reife Birnen, die durch das Kochen nicht zerfallen. Wenn Sie deren Stile nicht abschneiden, erhalten Sie eine zusätzliche attraktive Dekoration.

1 Die Birnen schälen und aufrecht in einen Topf stellen. So viel Wasser zugießen, bis die Birnen bedeckt sind. Das Wasser aufkochen, dann die Hitze reduzieren und die Birnen 25–30 Minuten köcheln lassen, bis sie weich sind. Die Hälft des Kochsuds abgießen, dann den Zucker zufügen und die Birnen weitere 10 Minuten kochen.

2 Die Birnen mit einem Schaumlöffel aus dem Topf nehmen und in eine Schüssel geben. 150 ml des Kochsuds abmessen, mit dem Honig sowie der Crème de menthe verrühren und über die Birnen gießen.

3 Die Birnen abkühlen lassen, dann mit Frischhaltefolie abdecken und etwa 1–2 Stunden in den Kühlschrank stellen. Zum Servieren die Birnen auf Dessertteller verteilen, mit etwas Minzesirup übergießen und dekorieren.

Karamellbirnen

Garzeit: 40 Min. **Vorbereitung: 40 Min.** **Für 4 Personen**

Mit dieser Dessertkreation beeindrucken Sie Ihre Gäste: Ganze Birnen werden in Madeirasirup pochiert und mit Karamellfäden umsponnen.

NÄHRWERTANGABEN	
Kilokalorien	166
Eiweiß	0,3 g
Kohlenhydrate	41 g
Zucker	41 g
Fett	0 g
davon gesättigt	0 g

ZUTATEN

150 ml Wasser

150 ml süßer Madeira

125 g Zucker

2 EL Limettensaft

4 reife Birnen mit Stielen

frische Minzezweige, zum Garnieren

KARAMELL

125 g Zucker

3 EL Wasser

1

2

2

Tipp

Die Karamellmasse wird beim Abkühlen nur langsam steif, was die Herstellung des Zuckernests erleichtert. Am leichtesten geht es, wenn Sie die Kreisbewegungen rasch von unten nach oben ausführen.

1 Wasser, Madeira, Zucker und Limettensaft in einer feuerfesten Schüssel mischen. 3 Minuten auf hoher Stufe erhitzen. Dabei rühren, bis der Zucker sich auflöst.

2 Die Birnen schälen und unten jeweils eine Scheibe abschneiden, sodass sie aufrecht stehen. Die Birnen in die Schüssel geben und den Madeirasirup darüber löffeln. Etwa 10 Minuten bei starker Hitze garen, bis die Birnen weich sind. Dabei gelegentlich wenden. Die Garzeit kann je nach Reife der Birnen variieren. Abgedeckt abkühlen lassen.

3 Die abgekühlten Birnen aus dem Sirup nehmen und auf Teller verteilen. Den Sirup abgedeckt 15 Minuten auf hoher Stufe kochen, bis er zur Hälfte eingekocht und etwas eingedickt ist. 5 Minuten stehen lassen. Über die Birnen träufeln.

4 Zucker und Wasser für den Karamell mischen. Ohne Deckel auf hoher Stufe $1\frac{1}{2}$ Minuten kochen, dabei ständig rühren, bis der Zucker sich vollständig auflöst. Weitere 5–6 Minuten auf höchster Stufe unter Rühren kochen, bis er karamellisiert. 2 Minuten abkühlen lassen.

5 Einen Teelöffel eintunken und damit um jede Birne Karamellfäden ziehen. Mit Minzezweigen garnieren und sofort servieren.

Exotische Obsttaschen

Garzeit: 20 Min. **Vorbereitung: 40 Min.** **Für 4 Personen**

Köstliche exotische Fruchtpäckchen werden mit einer duftenden Sauce gefüllt und erwärmt – ein herrlich ungewöhnliches Grilldessert.

NÄHRWERTANGABEN	
Kilokalorien	43
Eiweiß	2 g
Kohlenhydrate	9 g
Zucker	9 g
Fett	0,3 g
davon gesättigt	0,1 g

ZUTATEN

- **1 Papaya**
- **1 Mango**
- **1 Sternfrucht**
- **1 EL Grenadine**
- **3 EL Orangensaft**
- **Schlagsahne oder fettarmer Naturjoghurt, zum Servieren**

Variation

Grenadine ist ein süßer Sirup aus Granatäpfeln. Sie können stattdessen auch Granatapfelsaft verwenden (siehe Tipp).

Tipp

Für die Herstellung von Granatapfelsaft Granatäpfel halbieren und mit einer Zitruspresse entsaften. Nicht zu fest drücken, da der Saft sonst bitter wird.

1 Die Papaya halbieren, die Kerne entfernen und wegwerfen. Die Papaya schälen und in dicke Scheiben schneiden.

2 Die Mango rings um den flachen Stein in der Mitte einschneiden und halbieren. Den Stein entfernen. Das Mango-Fruchtfleisch kreuzförmig einschneiden und die Würfel etwas herausdrücken, dann behutsam mit einem Messer auslösen.

3 Die Sternfrucht mit einem Messer in dicke Scheiben schneiden. Sämtliche Früchte in einer Schüssel vermengen. Grenadine und Orangensaft mischen, über die Früchte gießen und mindestens 30 Minuten ziehen lassen.

4 Das Obst auf 4 Lagen doppelt gelegter Alufolie verteilen und die Folie zu Paketen verschließen.

5 Die Pakete auf einen Grillrost legen und 15–20 Minuten über mäßig heißen Kohlen garen. Die fertigen Obsttaschen auf Tellern anrichten, öffnen und mit Sahne oder Joghurt servieren.

Bananen-Schokoladen-Empanadas

Für 4 Personen **Vorbereitung: 10 Min.** **Garzeit: 15 Min.**

Der dünne Filo-Teig macht die Empanadas sehr leicht und sogt für eine knusprige Außenhülle, während sich innen eine wunderbar zartschmelzende Masse bildet.

ZUTATEN

8 Blätter Filo-Teig, der Länge nach halbiert
zerlassene Butter oder Pflanzenöl, zum Bestreichen
2 reife süße Bananen
1–2 TL Zucker
Saft von ¼ Limone
175–200 g Zartbitterschokolade, in kleinen Stücken
Puderzucker, zum Bestäuben
Zimt, zum Bestäuben

NÄHRWERTANGABEN	
Kilokalorien	375
Eiweiß	5 g
Kohlenhydrate	57 g
Zucker	41 g
Fett	16 g
davon gesättigt	8 g

Tipp

Statt Filo-Teig können Sie auch Blätterteig nehmen und wie im Rezept beschrieben verarbeiten, allerdings ohne ihn zusätzlich mit Butter und Öl zu bestreichen.

1 Die Teigstreifen nebeneinander auf die Arbeitsplatte legen und mit Butter oder Öl bestreichen.

2 Die Banane schälen und würfeln, in eine Schüssel geben und mit dem Zucker und dem Limonensaft mischen. Dann die Schokostücke einrühren. Einige Teelöffel der Bananen-Schokoladen-Mischung auf jeweils eine Teigecke geben. Dann die Teigstreifen diagonal zusammenfalten, sodass kleine Dreiecke entstehen, die die Mischung vollständig umhüllen.

3 Die so entstandenen Teigtaschen mit Puderzucker und Zimt bestäuben und auf ein mit Backpapier ausgelegtes Backblech legen.

4 Die Teigtaschen bei 190 °C etwa 15 Minuten goldbraun backen. Dann aus dem Backofen nehmen und sofort servieren, aber Vorsicht: Die Füllung ist sehr heiß.

Sopaipillas

Garzeit: 15 Min. **Vorbereitung: 15 Min.** **Für 6 Personen**

Diese kleinen, frittierten Teigkissen stammen aus Mexiko und sind dort ein beliebter Snack. Servieren Sie sie mit Honig, Sirup oder einer Zucker-Zimt-Mischung bestreut.

NÄHRWERTANGABEN	
Kilokalorien	268
Eiweiß	4 g
Kohlenhydrate	50 g
Zucker	21 g
Fett	8 g
davon gesättigt	1 g

ZUTATEN

225 g Mehl, plus etwas mehr zum Bestäuben

1 EL Backpulver

1 Prise Salz

2 EL Margarine, gewürfelt

175 ml Wasser

Sonnenblumenöl, zum Frittieren

flüssiger Honig, zum Servieren

1 Mehl, Backpulver und Salz in eine Schüssel sieben. Die Margarine zufügen und mit den Fingerspitzen einkneten, bis eine feinkrümelige Mischung entsteht. Nach und nach das Wasser untermengen, bis ein weicher Teig entsteht.

2 Den Teig auf einer leicht bemehlten Arbeitsfläche glatt kneten. Dann zu einem großen, dünnen Rechteck ausrollen und dieses in mehrere etwa 7,5 cm große Quadrate schneiden.

3 Das Öl in einer Fritteuse oder einer Frittierpfanne auf 180–190 °C erhitzen (ein Brotwürfel sollte darin in 30 Sekunden braun werden). Die Teigquadrate portionsweise zufügen und frittieren, bis sie goldbraun und aufgegangen sind; dabei einmal wenden und anschließend auf Küchenpapier abtropfen lassen.

4 Die fertigen Sopaipillas noch warm mit etwas Honig beträufelt servieren.

Tipp

Achten Sie darauf, dass das Öl nach einem Frittiergang wieder seine ursprüngliche Temperatur erreicht, bevor Sie eine weitere Portion Sopaipillas zufügen.

Tarte Tatin

Für 8 Personen **Vorbereitung: 25 Min.** **Garzeit: 1 Std. 5 Min.**

Dieser gestürzte Apfelkuchen wird schon seit Jahrhunderten in der Sologne, einem Naherholungsgebiet bei Paris, zubereitet. Berühmt wurde er jedoch erst zu Beginn des 20. Jahrhunderts durch das Bahnhofsrestaurant der Schwestern Tatin in Lamotte-Beuvron.

ZUTATEN

225 g Mürbeteig, Tiefkühlware aufgetaut
Mehl, zum Bestäuben
10 Dessertäpfel, z. B. Golden Delicious
4 EL Zitronensaft
115 g Butter, gewürfelt
115 g feiner Zucker
½ TL Zimt

NÄHRWERTANGABEN	
Kilokalorien	348
Eiweiß	2 g
Kohlenhydrate	43 g
Zucker	30 g
Fett	20 g
davon gesättigt	11 g

Variation

Bereiten Sie dieses Dessert mit einer Apfelsorte Ihrer Wahl zu. Anstelle von Golden Delicious können Sie beispielsweise auch Cox verwenden.

1

3

4

Tipp

Die Tarte sieht nach dem Stürzen am besten aus, wenn Sie die Äpfel vor dem Garen mit der Schnittfläche nach oben in die Tarte-Tatin-Form oder die Pfanne legen.

1 Den Teig auf einer leicht bemehlten Arbeitsfläche zu einer etwa 5 mm dicken Scheibe von 28 cm Durchmesser ausrollen. Die Scheibe auf ein leicht bemehltes kleines Backblech legen und zum Erkalten in den Kühlschrank stellen.

2 Die Äpfel schälen, halbieren und entkernen, dann mit dem Zitronensaft bestreichen, damit sie sich nicht verfärben. Butter, Zucker und Zimt bei geringer Hitze in einer Tarte-Tatin-Form (25 cm Ø) unter Rühren erwärmen, bis die Butter zerlassen und der Zucker aufgelöst ist. Weitere 6–8 Minuten kochen, bis die Mischung leicht karamellisiert. Dann die Form vom Herd nehmen.

3 Die Äpfel dicht und gleichmäßig in der Form verteilen. Dann die Form wieder auf den Herd stellen und die Äpfel etwa 25 Minuten köcheln lassen, bis sie weich und leicht gebräunt sind. Vom Herd nehmen und leicht abkühlen lassen.

4 Die Teigscheibe auf die Äpfel legen und an den Rändern leicht in die Form drücken. Den Teig mit einer Gabel einstechen und die Tarte bei 230 °C im vorgeheizten Backofen 30 Minuten goldbraun backen. Anschließend leicht abkühlen lassen. Den Teig mit einem Messer vom Rand der Form lösen. Die Tarte auf eine Platte stürzen und warm servieren.

Englischer Pudding

Für 4 Personen | **Vorbereitung: 10 Min.** | **Garzeit: 3 Std.**

Dieser köstliche Pudding muss zwar lange garen, ist aber rasch zubereitet. Sie können ihn mit Schlagsahne servieren, aber am besten schmeckt er mit einer großen Portion warmer Vanillesauce.

ZUTATEN

Butter, zum Einfetten
125 g Mehl
1¼ TL Backpulver
1 TL Lebkuchen-Gewürzmischung
125 g weicher brauner Zucker
125 g Talg (Rinderfett), gerieben
125 g Korinthen
125 ml Milch
Vanillesauce, zum Servieren

NÄHRWERTANGABEN	
Kilokalorien	517
Eiweiß	5 g
Kohlenhydrate	72 g
Zucker	46 g
Fett	25 g
davon gesättigt	14 g

Tipp

Wer es ganz eilig hat, braucht die Zutaten nicht abzuwiegen, sondern kann alle Inhaltsstoffe (außer Backpulver und Lebkuchengewürz) mit einer Kaffeetasse abmessen: je 1 Tasse pro Zutat.

1 Eine englische Puddingform oder eine tiefe Glasschüssel (1 l Inhalt) mit Butter einfetten. Mehl, Backpulver und Lebkuchengewürz in eine zweite Schüssel sieben. Zucker, Talg und Korinthen einrühren. Dann die Milch zugießen und vermengen. Dann die Mischung in die eingefettete Form oder Schlüssel geben.

2 Aus Backpapier und Alufolie jeweils 1 Kreis ausschneiden, der den Rand der Form oder Schüssel um etwa 3 cm überragt. Das Backpapier auf die Alufolie legen, mit Butter bestreichen und durch die Mitte eine Dehnungsfalte knicken (siehe Foto oben). Dann die Kreise mit dem Backpapier nach unten auf die Schüssel legen und um den Rand mit einer Kordel fixieren.

3 Die Form oder Schüssel auf einen Dreifuß in einen großen Topf stellen. So viel kochendes Wasser zugießen, dass es die Form oder Schüssel halbhoch umgibt. Alternativ die Form oder Schüssel in den Dämpfeinsatz eines Dampfkochtopfs setzen und den Einsatz in den Topf über kochendes Wasser hängen. Anschließend den Pudding 3 Stunden lang dämpfen, dann vorsichtig aus dem Topf heben. Folie und Backpapier entfernen, den Pudding auf eine vorgewärmte Servierplatte stürzen und mit warmer Vanillesauce servieren.

Milchreis aus Großmutters Küche

Garzeit: 1 Std. 5 Min. **Vorbereitung: 5 Min.** **Für 4 Personen**

Dieses traditionelle Reisdessert schmeckt besonders gut an kalten Wintertagen. Man kann eingelegte oder gedämpfte Früchte dazu reichen, doch auch pur ist es ein wahrer Genuss.

NÄHRWERTANGABEN	
Kilokalorien	405
Eiweiß	10 g
Kohlenhydrate	73 g
Zucker	42 g
Fett	10 g
davon gesättigt	6 g

ZUTATEN

140 g Rundkornreis

1 l Milch

115 g Zucker

5 Tropfen Vanillearoma

DEKORATION

Zimt

Zimtstangen

Variation

Zucker und Vanillearoma weglassen und in Schritt 1 die fein abgeriebene Schale von 1 Orange sowie 3 Esslöffel Honig in die Milch einrühren.

1 Den Reis unter fließend kaltem Wasser abspülen, anschließend gut abtropfen lassen. Die Milch in einen Topf gießen, den Zucker zufügen und die Mischung unter Rühren zum Kochen bringen.

2 Den Reis zufügen. Die Hitze reduzieren, den Topf abdecken und den Inhalt unter gelegentlichem Rühren etwa 1 Stunde sanft köcheln lassen, bis der Reis die gesamte Milch aufgesogen hat.

3 Das Vanillearoma einrühren. Den fertigen Milchreis in hohe, hitzebeständige Gläser füllen, leicht mit Zimt bestäuben und mit je einer Zimtstange dekoriert sofort servieren.

Bread & Butter Pudding

Garzeit: 60 Min. **Vorbereitung: 45 Min.** **Für 6 Personen**

NÄHRWERTANGABEN	
Kilokalorien	427
Eiweiß	9 g
Kohlenhydrate	74 g
Zucker	63 g
Fett	13 g
davon gesättigt	7 g

Variation

Ersetzen Sie die Sultaninen nach Belieben durch Korinthen und den Zimt durch gemahlenen Piment.

In England kursieren zahlreiche Rezepte für das beliebte Gericht. Hier spielen Orangenmarmelade und ein Apfel die entscheidende Rolle.

ZUTATEN

5 EL weiche Butter, plus etwas mehr zum Einfetten
4–5 Scheiben Weiß- oder Graubrot
4 EL Orangenmarmelade
abgeriebene Schale von 1 Zitrone
85–125 g Sultaninen
40 g kandierte Früchte, gehackt
1 TL Zimt
1 Kochapfel, geschält, entkernt und grob geraspelt
85 g hellbrauner Zucker
3 Eier
500 ml Milch
2 EL Farin-Zucker

2

5

6

Tipp

Lassen Sie den Pudding vor dem Servieren nach Belieben vollständig in der Form auskühlen. Kalt schmeckt er ebenso gut wie warm – besonders, wenn er mit einem Löffel Schlagsahne gereicht wird.

1 Eine Auflaufform mit Butter einfetten. Das Brot mit Butter und Marmelade bestreichen.

2 Den Boden der Form mit einer Schicht Brot auslegen. Darauf Zitronenschale, die Hälfte der Sultaninen, kandierten Früchte, Gewürze, des Apfels und die Hälfte des Zuckers verteilen.

3 Die Mischung mit einer weiteren Brotschicht bedecken. Die Scheiben gegebenenfalls so zurechtschneiden, dass sie in die Form passen.

4 Den Großteil der restlichen Sultaninen, die restliche Zitronenschale, alle Gewürze sowie den Zucker gleichmäßig auf dem Brot verteilen.

5 Eier und Milch leicht verquirlen und vorsichtig über das Brot gießen. Die Mischung für 20–30 Minuten beiseite stellen.

6 Die Mischung mit Farin-Zucker bestreuen, mit den restlichen Sultaninen dekorieren und bei 200 °C im vorgeheizten Backofen in 50–60 Minuten goldbraun backen. Den fertigen Pudding entweder heiß servieren oder abkühlen lassen und kalt verzehren.

Herbstpudding

Für 8 Personen **Vorbereitung: 8 Std. 10 Min.** **Garzeit: 10 Min.**

Dieser Brotpudding wird wie ein Sommerpudding zubereitet, für die süße Füllung werden jedoch Herbstfrüchte, wie Äpfel, Birnen und Brombeeren, verwendet.

ZUTATEN

900 g gemischte Brombeeren, klein gehackte Äpfel und Birnen
150 g weicher hellbrauner Zucker
1 TL Zimt
100 ml Wasser
225 g Weißbrot ohne Rinde, in dünnen Scheiben (etwa 12 Stück)

NÄHRWERTANGABEN	
Kilokalorien	178
Eiweiß	3 g
Kohlenhydrate	42 g
Zucker	31 g
Fett	1 g
davon gesättigt	0,1 g

Variation

Dieser Pudding kann sehr gut mit Vanilleeis serviert werden – die Süße der Eiscreme kontrastiert hervorragend mit der leichten Säure der Beeren.

2

3

4

Tipp

Stellen Sie den Pudding während des Kühlens auf einen Teller, um eventuell auslaufende Fruchtsäfte aufzufangen.

1 Obst, Zucker, Zimt und Wasser in einen Topf geben und unter Rühren aufkochen. Die Hitze reduzieren und alles 5–10 Minuten köcheln lassen, bis die Früchte weich sind, aber nicht zerfallen.

2 Unterdessen eine hitzebeständige Glasschüssel (850 ml Inhalt) mit einem Großteil der Brotscheiben auslegen. Dabei darauf achten, dass keine Lücken entstehen.

3 Das Obst in die ausgelegte Schüssel füllen und mit dem restlichen Brot bedecken.

4 Die Schüssel mit einem Teller sowie einem zusätzlichen Gewicht beschweren und 8 Stunden oder über Nacht in den Kühlschrank stellen. Den fertigen Pudding auf eine Platte stürzen und sofort servieren.

Schokoladen-Fondue

Für 4 Personen **Vorbereitung: 15 Min.** **Garzeit: 5 Min.**

Dieses ungewöhnliche Dessert lässt sich gut im Voraus zubereiten. Die Schokomasse muss vor dem Servieren lediglich kurz aufgewärmt werden.

NÄHRWERTANGABEN	
Kilokalorien	536
Eiweiß	4 g
Kohlenhydrate	38 g
Zucker	35 g
Fett	40 g
davon gesättigt	25 g

ZUTATEN

225 g dunkle Schokolade, in Stücken
200 g Crème double
2 EL Weinbrand

ZUM SERVIEREN

frische Früchte
weiße und rosafarbene Marshmallows
süße Kekse und Plätzchen

Variation

Variieren Sie die verwendeten Früchte je nach Saison und Geschmack. Besonders geeignet sind Kiwis, Bananen, Äpfel und Erdbeeren.

1

2

3

Tipp

Schneiden Sie größere Früchte in mundgerechte Stücke. Obst, das sich nach kurzer Zeit an der Luft verfärbt, wie Bananen, Äpfel oder Birnen, sollten Sie nach nach dem Aufschneiden in etwas Zitronensaft wenden.

1 Die Schokolade mit der Crème double in einen Topf geben. Die Mischung unter ständigem Rühren sanft erhitzen, bis die Schokolade geschmolzen und vollständig mit der Crème double verbunden ist.

2 Die Schokomasse vom Herd nehmen und den Weinbrand einrühren.

3 Die Sauce in einen Fonduetopf oder ein ähnliches feuerfestes Gefäß gießen und warm halten – am besten über einem kleinen Brenner.

4 Das fertige Schokoladen-Fondue mit Früchten, Marshmallows und Keksen zum Dippen servieren. Zum Aufspießen eignen sich Fonduegabeln, Holzspieße oder schlichte Besteckgabeln.

Brownies mit Biss

Garzeit: 35 Min. **Vorbereitung: 55 Min.** **Ergibt 12 Stück**

NÄHRWERTANGABEN	
Kilokalorien	414 (pro Stück)
Eiweiß	6 g
Kohlenhydrate	39 g
Zucker	24 g
Fett	27 g
davon gesättigt	14 g

Verwenden Sie für diese Brownies eine gute Schokolade, damit sie nicht nur süß, sondern auch intensiv nach Schokolade schmecken.

ZUTATEN

225 g weiche Butter, plus etwas mehr zum Einfetten
150 g Zartbitterschokolade, grob gehackt
225 g Mehl
2¼ TL Backpulver
125 g feiner Zucker
4 Eier, verquirlt
75 g Pistazien, gehackt
100 g weiße Schokolade, grob gehackt
Puderzucker, zum Bestäuben

Variation

Fügen Sie dem Teig bei Schritt 4 für ein etwas reichhaltigeres Aroma mit der weißen Schokolade 2–3 Tropfen Vanillearoma zu.

2

4

4

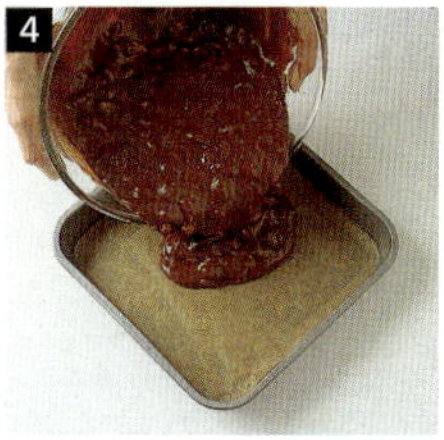

Tipp

Die Brownies garen beim Abkühlen nach. Sie sind innen noch nicht ganz fest, wenn sie aus dem Backofen kommen.

1 Eine quadratische Backform (24 cm Seitenlänge) leicht mit Butter einfetten und mit Backpapier auslegen.

2 Die dunkle Schokolade mit der Butter in einem heißen Wasserbad schmelzen. Anschließend abkühlen lassen.

3 Mehl und Backpulver in eine Schüssel sieben. Den Zucker zugeben und gründlich unterrühren.

4 Die Eier mit der abgekühlten Schokomasse verquirlen. Alles zur Mehlmischung gießen und gründlich unterrühren. Pistazien und weiße Schokolade einrühren und den fertigen Teig in die vorbereitete Form füllen.

5 Den Teig bei 180 °C im vorgeheizten Backofen 30–35 Minuten backen. Anschließend 20 Minuten in der Form abkühlen lassen, dann auf ein Kuchengitter stürzen und vollständig auskühlen lassen. Den erkalteten Kuchen mit ein wenig Puderzucker bestäuben und zum Servieren in 12 Stücke schneiden.

Schoko-Mandel-Schnitten

Ergibt 16 Scheiben

Vorbereitung: 1 Std. 15 Min.

Garzeit: 5 Min.

Diesem einladenden Schokoladen-Dessert kann man nicht widerstehen. Die Zutaten werden nicht gebacken, sondern gekühlt.

ZUTATEN

75 g Mandeln
150 g Zartbitterschokolade
6 EL Butter
210 ml Kondensmilch
2 TL Zimt
75 g Amaretti, zerkrümelt
50 g getrocknete Aprikosen, grob gehackt

NÄHRWERTANGABEN	
Kilokalorien	189 (pro Scheibe)
Eiweiß	3 g
Kohlenhydrate	18 g
Zucker	18 g
Fett	12 g
davon gesättigt	6 g

Variation

Ersetzen Sie die Amaretti nach Belieben durch Vollkornkekse und die Aprikosen durch die gleiche Menge Rosinen.

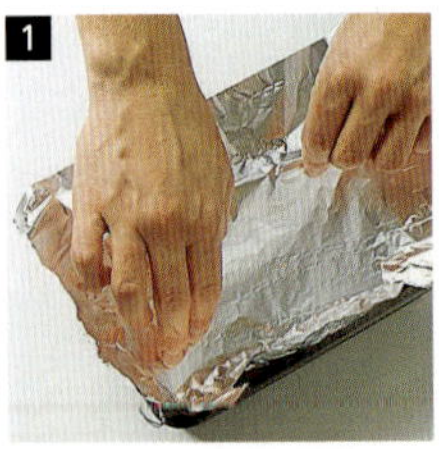

Tipp

Die Schokolade vor dem Schmelzen in kleine Stücke brechen. Je kleiner die Stücke, desto schneller schmelzen sie.

1 Eine tiefe Kastenform (für ein 675-g-Brot) mit Alufolie ausschlagen. Die Mandeln mit einem scharfen Messer grob hacken und beiseite stellen

2 Schokolade, Butter, Milch und Zimt in einen Topf geben und 3–4 Minuten bei geringer Hitze mit einem Holzlöffel verühren, bis die Schokolade geschmolzen und die Butter zerlassen ist.

3 Anschließend Mandeln, Amaretti und Aprikosen zugeben und gründlich unterrühren. Die Mischung in die vorbereitete Kastenform füllen, glatt streichen und etwa 1 Stunde im Kühlschrank fest werden lassen.

4 Zum Servieren die abgekühlte Schokoladenmasse mit einem scharfen Messer in Scheiben schneiden.

Zabaglione

Für 6 Personen **Vorbereitung: 5 Min.** **Garzeit: 10 Min.**

Dieser locker-schaumige Dessert-Klassiker ist ein willkommener Abschluss für jedes Menü. Sie sollten ihn nach der Zubereitung sofort servieren, da er dann am besten schmeckt.

ZUTATEN

4 Eigelb

70 g feiner Zucker

125 ml Marsala

Amaretti, zum Servieren

NÄHRWERTANGABEN	
Kilokalorien	110
Eiweiß	2 g
Kohlenhydrate	13 g
Zucker	13 g
Fett	4 g
davon gesättigt	1 g

Tipp

Dekorieren Sie die Ränder der gefüllten Dessertschalen mit je einer eingeschlitzten Erdbeere. Anstelle der Amaretti können Sie auch weiche Biskuitplätzchen oder ein knuspriges Gebäck ihrer Wahl reichen.

1 Einen Topf zur Hälfte mit Wasser füllen und das Wasser aufkochen. Dann die Hitze reduzieren, bis das Wasser nur noch leicht köchelt. Unterdessen Eigelb und Zucker in einer hitzebeständigen Schüssel zu einer hellen, cremigen Masse schlagen.

2 Die Schüssel über den Topf mit dem köchelnden Wasser hängen. Vorsicht: der Schüsselboden darf das Wasser dabei nicht berühren, da das Eigelb sonst gerinnen würde.

3 Nach und nach den Marsala in die Eicreme gießen; dabei und anschließend die Masse kontinuierlich weiterschlagen, bis sie sehr dickflüssig und schaumig geworden ist. Die fertige Zabaglione in hitzebeständige Gläser oder Dessertschalen füllen und sofort mit einigen Amaretti servieren.

Milchreis à la crème

Garzeit: 1 Std.

Vorbereitung: 3 Std. 10 Min.

Für 4 Personen

Für diese britische Milchreisvariante wird ein Teil der Milch durch Crème double ersetzt, wodurch ein besonders cremiges Dessert entsteht, das gut gekühlt am besten schmeckt.

NÄHRWERTANGABEN	
Kilokalorien	544
Eiweiß	6 g
Kohlenhydrate	45 g
Zucker	20 g
Fett	39 g
davon gesättigt	24 g

ZUTATEN

115 g Rundkornreis

300 ml Milch

300 g Crème double, plus etwas mehr zum Dekorieren

55 g feiner Zucker

1 EL abgeriebene Zitronenschale

1 TL Zimt, plus etwas mehr zum Bestäuben

Tipp

Falls Sie Zeit genug haben, weichen Sie den Reis nach dem Abspülen 30 Minuten in kaltem Wasser ein. Dadurch kann er die Milchcreme anschließend besser aufnehmen. Vorher sorgfältig abtropfen lassen.

1 Den Reis unter fließend kaltem Wasser abspülen, dann mit den restlichen Zutaten (außer dem Zimt) in die Schüssel eines Wasserbadtopfs (Bain-Marie) geben. Die Mischung unter gelegentlichem Rühren über sanft köchelndem Wasser etwa 55 Minuten erhitzen, bis der Reis gar ist und fast die gesamte Flüssigkeit aufgesogen hat.

2 Den Topf vom Herd nehmen. Die Reismischung auf mehrere Dessertschalen oder Tassen verteilen und abkühlen lassen. Dann die einzelnen Portionen mit Frischhaltefolie abdecken und etwa 2–3 Stunden im Kühlschrank erkalten lassen.

3 Zum Servieren etwas Crème double leicht aufschlagen und jede Reisportion mit einem Crème-double-Häubchen dekorieren. Zum Schluss ein wenig Zimt über die Crème stäuben.

Syllabub

Für 6 Personen **Vorbereitung: 10 Min.** **Garzeit: 0 Min.**

Madeira, Weinbrand und Crème double machen diese traditionelle englische Sahnecreme zu einem köstlichen Dessert, dass Ihre Gäste rundum begeistern wird.

ZUTATEN

175 ml Madeira
2 EL Weinbrand
abgeriebene Schale von 1 Zitrone
125 ml Zitronensaft
115 g feiner Zucker
600 g Crème double
10 Amaretti oder anderes Mandelgebäck
Zimt, zum Bestäuben
Orangen- oder Zitronenscheiben, zum Dekorieren

NÄHRWERTANGABEN	
Kilokalorien	635
Eiweiß	3 g
Kohlenhydrate	31 g
Zucker	31 g
Fett	52 g
davon gesättigt	30 g

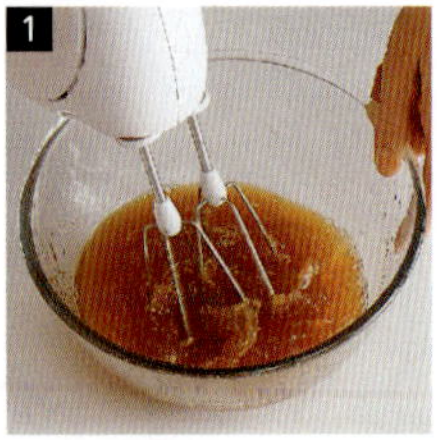

1 Madeira, Weinbrand, Zitronenschale und -saft sowie den Zucker in einer Schüssel verquirlen.

2 Die Crème double zufügen und so lange weiterschlagen, bis eine dickflüssige Creme entstanden ist.

3 Die Amaretti gleichmäßig in 6 langstielige Gläser zerbröckeln. Jedes Glas mit der vorbereiteten Sahnecreme füllen und, nach Belieben, bis zum Servieren in den Kühlschrank stellen. Die fertigen Cremeportionen mit Zimt bestäuben und mit Orangen- oder Zitronenscheiben dekoriert servieren.

Tipp

Madeira ist ein gespriteter Likörwein von der gleichnamigen portugiesischen Insel. Er ist trocken, halbtrocken oder lieblich erhältlich. Für dieses Rezept bietet sich ein lieblicher Madeira an, etwa Malmsey.

Flambierte Pfirsiche

Garzeit: 5 Min. **Vorbereitung: 5 Min.** **Für 4 Personen**

Flambierte Speisen wirken dann besonders eindrucksvoll, wenn sie vor den Augen der Gäste zubereitet werden. Mit diesen Pfirsichen werden Sie sicherlich viel Lob ernten.

NÄHRWERTANGABEN	
Kilokalorien	227
Eiweiß	3 g
Kohlenhydrate	26 g
Zucker	26 g
Fett	11 g
davon gesättigt	6 g

ZUTATEN

3 EL Butter
3 EL Rohzucker
4 EL Orangensaft
4 Pfirsiche, geschält, halbiert und entsteint
2 EL Mandel- oder Pfirsichlikör mit mindestens 40 % Vol.
4 EL gehobelte Mandeln, geröstet

Tipp

Der Likör verleiht den Pfirsichen einen weichen und charakteristischen Geschmack. Der Alkohol verdampft durch das Flambieren, Sie können ihn aber auch weglassen – vor allem für Kinder.

1 Butter, Zucker und Orangensaft bei geringer Hitze in einer großen, schweren Pfanne erwärmen; dabei ständig rühren, bis die Butter zerlassen und der Zucker gelöst ist.

2 Die Pfirsiche zufügen und 1–2 Minuten von jeder Seite goldbraun garen.

3 Den Likör zugießen und mit einem langen Streichholz oder Feuerzeug anzünden. Sobald die Flammen erloschen sind, die Pfirsiche auf Dessertschalen verteilen, mit den Mandeln bestreuen und sofort servieren.

Sesambällchen

Für 4 Personen **Vorbereitung: 15 Min.** **Garzeit: 15 Min.**

Diese frittierten asiatischen Leckerbissen begeistern durch ihre knusprige Hülle und ihr zartschmelzendes Inneres. Servieren Sie sie auf einem Partybuffet oder zum Nachmittagskaffee.

ZUTATEN

115 g Zucker
2 EL Kokosmilch
2 Eier, leicht verquirlt
2 EL Kokosbutter, zerlassen
250 g Mehl
4 TL Kokosflocken
¼ TL Backpulver
1 Prise Salz
4 EL Sesamsaat
Sonnenblumenöl, zum Frittieren

NÄHRWERTANGABEN	
Kilokalorien	595
Eiweiß	11 g
Kohlenhydrate	80 g
Zucker	32 g
Fett	28 g
davon gesättigt	12 g

Variation

Verteilen Sie die Bällchen auf einem großen Servierteller, und bestäuben Sie sie vor dem Servieren mit etwas Puderzucker.

Tipp

Geben Sie nicht zu viele Teigbällchen auf einmal in das heiße Öl, da sie während des Frittierens noch aufgehen werden.

1 Zucker, Kokosmilch, Eier und Kokosbutter in einer Schüssel, Mehl, Kokosflocken und Backpulver in einer zweiten Schüssel verrühren. Dann die Mehlmischung in die Eimischung einrühren und leicht verkneten, bis ein glatter, weicher Teig entsteht.

2 Den Teig von Hand oder mit Hilfe zweier Teelöffel zu kleinen Kugeln formen. Die Sesamsaat auf einen Teller geben und die fertigen Kugeln darin wenden.

3 Das Öl in einem großen Topf oder einer Fritteuse auf 180–190 °C erhitzen (ein Brotwürfel sollte darin in 30 Sekunden braun werden). Die Sesambällchen portionsweise zufügen und goldbraun ausbacken, dann mit einem Schaumlöffel aus dem heißen Öl nehmen, auf Küchenpapier abtropfen lassen und noch warm servieren.

Frittierte Bananen

Für 4 Personen **Vorbereitung: 10 Min.** **Garzeit: 10 Min.**

Diese köstlichen, in einen knusprigen Teigmantel gehüllten Bananen wecken Kindheitserinnerungen. Servieren Sie sie als Snack am Nachmittag oder späten Abend.

ZUTATEN

115 g Mehl
½ TL Speisenatron
1 Prise Salz
2 EL Zucker
1 Ei
6 EL Wasser
1 EL Sesamsaat
4 Bananen
Erdnuss- oder Sonnenblumenöl, zum Frittieren
2 EL klarer Honig, zum Servieren

NÄHRWERTANGABEN	
Kilokalorien	333
Eiweiß	6 g
Kohlenhydrate	62 g
Zucker	38 g
Fett	9 g
davon gesättigt	1 g

Variation

Auf die gleiche Weise und mit dem gleichen Teig können Sie auch andere Früchte ausbacken. Probieren Sie es einmal mit frischen Ananasscheiben.

Tipp

Lassen Sie mit heißem Öl gefülltes Kochgeschirr niemals unbeaufsichtigt, und wischen Sie heiße Fettspritzer rasch weg.

1 Mehl, Natron und Salz in eine große Schüssel sieben. Den Zucker einrühren, dann die Eier unterrühren und so viel Wasser zufügen, dass ein dünner, glatter Teig entsteht. Unter diesen die Sesamsaat heben.

2 Die Bananen schälen und jeweils zunächst längs, dann quer halbieren. Das Öl in einem Wok oder einer Fritteuse auf 180–190 °C erhitzen (ein Brotwürfel sollte darin in 30 Sekunden braun werden).

3 Die Bananenstücke in den vorbereiteten Teig tauchen und portionsweise goldbraun frittieren, dann mit einem Schaumlöffel aus dem heißen Öl nehmen und auf Küchenpapier abtropfen lassen. Die fertigen Bananen auf Dessertteller verteilen, mit Honig beträufeln und sofort servieren.

Gefüllte Nektarinen

Garzeit: 45 Min. **Vorbereitung: 15 Min.** **Für 6 Personen**

NÄHRWERTANGABEN	
Kilokalorien	260
Eiweiß	4 g
Kohlenhydrate	28 g
Zucker	27 g
Fett	10 g
davon gesättigt	4 g

Variation

Ersetzen Sie die geschlagene Sahne nach Belieben durch Eiscreme. Streuen Sie die Schokoladenraspel in diesem Fall direkt über die heiße Füllung.

Die unvergleichliche Kombination von saftigen Früchten, knusprigen Amaratti und zartschmelzender Schokolade begeistert vor allem an heißen Sommertagen.

ZUTATEN

85 g Bitterschokolade, fein gehackt
55 g Amaretti, grob zerstoßen
1 TL fein abgeriebene Zitronenschale
Eiweiß von 1 großen Ei
6 EL Amaretto
6 Nektarinen, halbiert und entsteint
300 ml Weißwein

DEKORATION

Schlagsahne
55 g Vollmilchschokolade, geraspelt

1

2

3

Tipp

Nektarinen sind zum Füllen und Backen ideal. Ihr festes Fruchtfleisch sorgt dafür, dass sie nicht so rasch zusammenfallen und auch nach dem Garen noch in Form bleiben.

1 Schokolade, Amaretti und Zitronenschale in einer Schüssel vermengen. Das Eiweiß leicht verquirlen und mit der Hälfte des Amaretto zu der Schokoladenmischung geben.

2 Die kleinen Vertiefungen in den Nektarinenhälften mit einem scharfen Messer leicht vergrößern. Das ausgelöste Fruchtfleisch zur Schokoladenmischung geben und gut unterrühren.

3 Die Nektarinenhälften mit den Schnittflächen nach oben in eine Auflaufform geben, in die sie nebeneinander gelegt gerade hineinpassen. Die einzelnen Häften mit der Schokoladenmischung füllen. Den Wein mit dem restlichen Amaretto vermengen und die fertige Mischung um die vorbereiteten Früchte gießen.

4 Die Nektarinen bei 190 °C im vorgeheizten Backofen 40–45 Minuten weich backen. Je 2 der fertigen Fruchthälften auf einem Dessertteller anrichten, mit ein wenig Bratsud übergießen und sofort mit einem Löffel Sahne und einer großzügigen Prise Schokoladenraspel dekoriert servieren.

Rhabarber-Orangen-Streusel

Für 6 Personen **Vorbereitung: 15 Min.** **Garzeit: 45 Min.**

Rhabarber und Äpfel werden mit Orangenschale, braunem Zucker und Gewürzen verfeinert. Den Abschluss bildet ein Belag aus knusprigen Streuseln.

ZUTATEN

500 g Rhabarber
500 g Kochäpfel
abgeriebene Schale und Saft von 1 Orange
½–1 TL Zimt
85 g weicher hellbrauner Zucker

STREUSEL
225 g Mehl
125 g Butter oder Margarine
125 g weicher hellbrauner Zucker
50 g Haselnüsse, geröstet und gehackt
2 EL Farin-Zucker (nach Belieben)

NÄHRWERTANGABEN	
Kilokalorien	516
Eiweiß	6 g
Kohlenhydrate	77 g
Zucker	45 g
Fett	22 g
davon gesättigt	4 g

Variation

Geben Sie andere aromatische Zutaten, wie z. B. 60 g gehackten kandierten Ingwer, in die Obst- oder in die Streuselmischung

Tipp

Der Streusel kann auch kalt verzehrt werden: Lassen Sie Ihn nach dem Backen 1–2 Stunden abkühlen, und servieren Sie ihn dann mit je einem Löffel Schlagsahne pro Portion.

1 Den Rhabarber in etwa 2,5 cm große Stücke schneiden und in einen großen Topf geben. Die Äpfel schälen, entkernen, in Scheiben schneiden und mit Orangenschale und -saft zum Rhabarber geben. Die Fruchtmischung aufkochen, dann die Hitze reduzieren und die Früchte 2–3 Minuten köcheln lassen, bis sie weich werden.

2 Die Früchte mit Zimt und Zucker würzen und zu zwei Dritteln in eine Auflaufform füllen.

3 Das Mehl in eine Schüssel sieben und mit Butter oder Margarine zu einem feinkrümeligen Teig verarbeiten. Dann den Zucker, zuletzt die Nüsse unterkneten. Das Obst gleichmäßig mit den Streuseln belegen, glatt streichen und nach Belieben mit Farin-Zucker bestreuen.

4 Den Streusel bei 200 °C im vorgeheizten Backofen 30–40 Minuten goldbraun backen. Anschließend heiß oder kalt servieren.

Warmes Früchtekompott

Für 4 Personen **Vorbereitung: 10 Min.** **Garzeit: 8–10 Min.**

Warme, mit exotischen Gewürzen verfeinerte Sommerfrüchte verwöhnen den Gaumen. Besonders der samtweiche Sirup dieses erfrischenden Desserts wird Sie verführen.

ZUTATEN

4 Pflaumen, halbiert und entsteint
225 g Himbeeren
225 g Erdbeeren, halbiert
2 EL Rohzucker
2 EL trockener Weißwein
2 Stücke Sternanis
4 Gewürznelken
1 Zimtstange

NÄHRWERTANGABEN	
Kilokalorien	95
Eiweiß	2 g
Kohlenhydrate	21 g
Zucker	21 g
Fett	0 g
davon gesättigt	0 g

1 Alle Zutaten in einen großen Topf geben und bei geringer Hitze unter gelegentlichem Rühren erwärmen, bis sich der Zucker gelöst hat.

2 Den Topf abdecken und den Inhalt 5 Minuten sanft köcheln lassen (nicht aufkochen), bis die Früchte weich sind, aber noch nicht zerfallen.

3 Sternanis, Gewürznelken und Zimtstange entfernen und das fertige Kompott noch warm servieren.

Tipp

Besonders köstlich schmeckt dieses warme Kompott, wenn es mit einem Löffel leicht geschlagener Sahne oder einer Kugel Vanilleeis serviert wird.

Clafoutis

Garzeit: 45 Min.

Vorbereitung: 1 Std. 15 Min.

Für 4 Personen

Einige Köche bereiten dieses gebackene Dessert mit einer Mischung aus verschiedenen Früchten zu. Kirschen sind jedoch die traditionelle Hauptzutat dieses französischen Klassikers.

NÄHRWERTANGABEN	
Kilokalorien	297
Eiweiß	7 g
Kohlenhydrate	42 g
Zucker	31 g
Fett	11 g
davon gesättigt	6 g

ZUTATEN

450 g dunkle Süßkirschen

2 EL Kirschlikör

1 EL Puderzucker, plus etwas mehr zum Bestäuben

Butter, zum Einfetten

TEIG

3 EL Mehl

3 EL Zucker

175 g Schlagsahne

2 Eier, leicht verquirlt

abgeriebene Schale von ½ Zitrone

2 Tropfen Vanillearoma

1 Die Kirschen entsteinen, mit Likör und Puderzucker in eine Schüssel geben und gut vermengen. Dann mit Frischhaltefolie abdecken und 1 Stunde ziehen lassen.

2 Unterdessen eine flache Auflaufform mit Butter einfetten. Für den Teig das Mehl in eine Schüssel sieben, dann den Zucker einrühren. Mit dem Handrührgerät nach und nach Sahne, Eier, Zitronenschale und Vanillearoma unterrühren. So lange weiterschlagen, bis ein vollständig glatter Teig entstanden ist.

3 Die Kirschen in die vorbereitete Form füllen und mit dem Teig übergießen. Das Dessert bei 190 °C im vorgeheizten Backofen 45 Minuten goldbraun backen. Den fertigen Clafoutis mit Puderzucker bestäuben und noch warm oder auf Zimmertemperatur abgekühlt servieren.

Tipp

Im Limousin, der Herkunftsregion dieses Desserts, werden die Kirschen vor dem Backen nicht entsteint, weil sie mit Stein beim Backen ein stärkeres Aroma entfalten sollen.

Fruchtige Pfannkuchenecken

Garzeit: 10 Min. **Vorbereitung: 15 Min.** **Für 4 Personen**

NÄHRWERTANGABEN	
Kilokalorien	306
Eiweiß	8 g
Kohlenhydrate	50 g
Zucker	26 g
Fett	10 g
davon gesättigt	2 g

Dieses Dessert ist nicht nur sehr erfrischend, sondern auch preiswert und leicht zuzubereiten. Besonders beliebt ist es bei Kindern. Aber Vorsicht: Der Pfannkuchenteig hat es in sich!

ZUTATEN

2 EL feiner Zucker
1 TL Zimt
125 g Mehl
1 Prise Salz
2 Eier, leicht verquirlt
125 ml Milch
400 g in Sirup eingelegte Aprikosenhälften aus der Dose
Sonnenblumenöl, zum Einfetten

Variation

Anstelle der Aprikosenhälften können Sie auch 400 g eingelegte Schattenmorellen verwenden, die ebenso köstlich schmecken.

Tipp

Das Öl muss wirklich heiß sein, bevor sie den Teig in die Pfanne geben – dann brennt der Pfannkuchen nicht an –, und schwenken Sie die Pfanne beim Zugießen des Teigs hin und her, um die Masse zu verteilen.

1 Zucker und Zimt in einer kleinen Schale mischen, dann beiseite stellen. Mehl und Salz in eine große Schüssel sieben. Eier und Milch mit dem Handrührgerät unterrühren und zu einem glatten Teig verarbeiten.

2 Die Aprikosenhälften abgießen; dabei den Sirup auffangen. Diesen gründlich mit dem vorbereiteten Teig vermengen. Die Aprikosen grob hacken und beiseite stellen.

3 Ein großes Crêpe-Eisen oder eine schwere Pfanne mit etwas Öl einfetten. Den Pfannkuchenteig hineingießen und bei mittlerer Hitze 4–5 Minuten backen, bis die Unterseite goldbraun geworden ist. Anschließend den Pfannkuchen wenden und von der anderen Seite goldbraun backen. Den fertigen Pfannkuchen mit 2 Löffeln oder Gabeln in mundgerechte Stücke zupfen, auf einen Teller geben und warm stellen.

4 Die Aprikosenstücke in die Pfanne geben und kurz erhitzen. Anschließend die Stücke mit den Pfannkuchenecken auf 4 Teller verteilen, mit der Zucker-Zimt-Mischung bestreuen und sofort servieren.

Winterpudding

Für 6 Personen **Vorbereitung: 15 Min.** **Garzeit: 1 Std. 30 Min.**

Dieser warme Pudding ist vor allem an kalten Wintertagen unwiderstehlich, aber so leicht, dass er das ganze Jahr durch serviert werden kann.

ZUTATEN

- **2 EL heller Sirup (z. B. Ahornsirup), plus etwas mehr zum Servieren**
- **175 g Mehl**
- **1½ TL Backpulver**
- **125 g Butter oder Margarine, zerlassen**
- **125 g feiner Zucker**
- **2 Eier**
- **¾ TL Zimt**
- **abgeriebene Schale von 1 Orange**
- **1 EL Orangensaft**
- **90 g Sultaninen**
- **40 g kandierter Ingwer, fein gehackt**
- **1 Tafelapfel, geschält, entkernt und grob gerieben**

NÄHRWERTANGABEN	
Kilokalorien	488
Eiweiß	5 g
Kohlenhydrate	78 g
Zucker	56 g
Fett	19 g
davon gesättigt	4 g

Variation

Ersetzen Sie den feinen Zucker durch hellbraunen Zucker und den Zimt durch gemahlenen Piment.

3

4

5

Tipp

Anstelle des Dreifußes können Sie auch eine umgedrehte, hitzebeständige Untertasse verwenden. Während des Garens sollten Sie kochendes Wasser bereithalten, um den Topf bei Bedarf aufzufüllen.

1 Eine hitzebeständige Schüssel (850 ml Inhalt) gut einfetten und den Sirup hineingießen.

2 Mehl und Backpulver vermengen. Butter oder Margarine und Zucker schaumig schlagen. Nach und nach die Eier zugeben und nach jedem Ei 1 Esslöffel der Mehlmischung einrühren.

3 Das übrige Mehl mit Zimt über den Teig sieben und unterziehen. Dann Orangenschale und -saft zugeben, die Sultaninen unterheben und zuletzt Ingwer und Apfel einrühren.

4 Den Teig in die vorbereitete Schüssel geben, glatt streichen und mit Backpapier abdecken. Das Backpapier noch einmal mit Alufolie abdecken und diese mit einer festen Schnur am Rand der Schüssel befestigen. Einen Teil der Schnur zu einem Griff binden, um das spätere Herausnehmen der Schüssel aus dem Topf etwas zu erleichtern.

5 Die Schüssel auf einen Dreifuß in einem zur Hälfte mit kochendem Wasser gefüllten Topf stellen, abdecken und 90 Minuten dämpfen. Bei Bedarf etwas Wasser nachfüllen.

6 Zum Servieren Backpapier und Alufolie entfernen und den fertigen Pudding auf einen vorgewärmten Teller stürzen. In Scheiben schneiden und noch heiß mit etwas Sirup servieren.

Heidelbeerkompott

Für 6 Personen | **Vorbereitung: 3 Std. 10 Min.** | **Garzeit: 5 Min.**

Servieren Sie dieses ansprechende, leicht zubereitete Fruchtdessert mit Schlagsahne oder einer Kugel Eiscreme und kleinen, knusprigen Dessertkeksen.

ZUTATEN

675 g Heidelbeeren

280 g feiner Zucker

1 EL Wasser

2 EL Gin

knusprige Dessertkekse, zum Servieren

NÄHRWERTANGABEN	
Kilokalorien	229
Eiweiß	1 g
Kohlenhydrate	57 g
Zucker	57 g
Fett	0 g
davon gesättigt	0 g

1 Heidelbeeren, Zucker und Wasser in einen Topf geben und bei geringer Hitze unter gelegentlichem Schütteln erwärmen, bis sich der Zucker gelöst hat.

2 Den Topf vom Herd nehmen, den Gin einrühren und die Mischung vollständig abkühlen lassen.

3 Den Kompott in kleine Servierschalen füllen, abdecken und 2–3 Stunden im Kühlschrank erkalten lassen. Anschließend mit einigen knusprigen Dessertkeksen servieren.

Variation

Anstelle der Heidelbeeren können sie auch frische Johannisbeeren verwenden. Der Gin kann durch Weinbrand ersetzt werden.

Frittierte Apfelscheiben

Garzeit: 4–6 Min. **Vorbereitung: 45 Min.** **Für 4 Personen**

Dieses süße Dessert ist ein Familienklassiker, weil es Kindern wie Erwachsenen gleichermaßen schmeckt und dank seiner knusprigen Teighülle sogar mit der Hand gegessen werden kann.

NÄHRWERTANGABEN	
Kilokalorien	437
Eiweiß	7 g
Kohlenhydrate	35 g
Zucker	14 g
Fett	31 g
davon gesättigt	18 g

ZUTATEN

115 g Mehl
1 Prise Salz
2 Eigelb
1 Eiweiß
1 EL Sonnenblumenöl
150 ml Milch
450 g Kochäpfel
Saft von 1 Zitrone
115 g Butter
feiner Zucker, zum Bestreuen
Crème fraîche, zum Servieren

Tipp

Verwenden Sie für dieses Rezept feste, säuerliche Äpfel, z. B. Granny Smith. Nach dem Aufschneiden müssen sie rasch mit Zitronensaft bestrichen und ausgebacken werden, damit sie sich nicht verfärben.

1 Mehl und Salz in eine Schüssel sieben. Eine Vertiefung in die Mitte der Mischung drücken und Eigelb, Eiweiß sowie das Öl hineingeben. Das Mehl mit einem Holzlöffel nach und nach unter die flüssigen Zutaten mengen. Dann die Milch zugießen und so lange weiterrühren, bis ein glatter Teig entsteht. Den Teig mit Frischhaltefolie abdecken und 30 Minuten ruhen lassen.

2 Die Äpfel schälen und entkernen, dann in etwa 5 mm breite Ringe schneiden. Die Ringe nebeneinander auf ein Küchenbrett legen und zunächst mit Zitronensaft bestreichen, dann mit Zucker bestreuen.

3 Die Butter bei mittlerer Hitze in einer großen Pfanne zerlassen. Die Apfelringe in den vorbereiteten Teig tauchen, dann in die Pfanne geben und portionsweise von jeder Seite 2–3 Minuten goldbraun backen. Die fertigen Ringe mit etwas Zucker bestreuen und mit Crème fraîche servieren.

Karamellisierte Orangen

Für 6 Personen

Vorbereitung: 2 Std. 25 Min.

Garzeit: 15–20 Min.

Diese exquisiten, extra süßen Orangen sind ein Augenschmaus. Sie sollten sich ihr erfrischendes Zitrusaroma nicht entgehen lassen – besonders an einem heißen Sommertag.

ZUTATEN

6 große Orangen

5 EL Wasser

100 g feiner Zucker

Schlagsahne, zum Servieren

NÄHRWERTANGABEN	
Kilokalorien	143
Eiweiß	2 g
Kohlenhydrate	35 g
Zucker	35 g
Fett	0 g
davon gesättigt	0 g

Tipp

Verwenden Sie stets unbehandelte Zitrusfrüchte, wenn Sie die Schale der Früchte in einem Rezept verarbeiten. Alle anderen Früchte sind mit dem Konservierungsmittel Biphenyl behandelt.

1. Mit einem Sparschäler breite Streifen Schale von 2 Orangen abschälen; dabei die weiße Haut an der Frucht belassen. Die Streifen mit einem scharfen Messer in Stifte schneiden. Die weiße Haut von den beiden Orangen entfernen, die übrigen Orangen ebenfalls gründlich schälen. Anschließend die Früchte quer in etwa 1 cm dicke Scheiben schneiden und diese mit dem ausgetretenen Fruchtsaft in eine Servierschüssel geben.

2. Das Spülbecken zur Hälfte mit kaltem Wasser füllen. 3 Esslöffel Wasser und den gesamten Zucker in einen großen Topf geben und unter Rühren aufkochen, bis sich der Zucker gelöst hat. Die Mischung ohne zu Rühren weiterkochen, bis ein dunkler Karamell entsteht. Den Topf sofort vom Herd nehmen und vorsichtig ins kalte Wasser tauchen, um den Kochprozess zu unterbrechen.

3. 2 Esslöffel Wasser mit dem Großteil der Orangenschalenstifte in den Karamell geben und die Mischung bei geringer Hitze 8–10 Minuten unter gelegentlichem Rühren sanft köcheln lassen, bis sie fast transparent ist. Dann die Orangenscheiben mit dem Karamell übergießen und gründlich darin wenden. Die Scheiben abkühlen lassen, dann 1–2 Stunden in den Kühlschrank stellen. Das Dessert mit den restlichen Orangenschalenstreifen dekorieren und mit geschlagener Sahne servieren.

Waldfrucht-Granita

Garzeit: 5 Min.

Vorbereitung: 4 Std. 15 Min.

Für 4 Personen

Auch dieses Dessert ist eine ideale Erfrischung an einem heißen Sommertag. Es ist kalorienärmer als Eiscreme, aber genauso erfrischend und durch den intensiven Fruchtgeschmack einfach köstlich.

NÄHRWERTANGABEN	
Kilokalorien	175
Eiweiß	2 g
Kohlenhydrate	44 g
Zucker	44 g
Fett	0 g
davon gesättigt	0 g

ZUTATEN

225 g Erdbeeren

175 g Himbeeren

175 g Brombeeren, plus etwas mehr zum Dekorieren

1–2 EL Zitronensaft (nach Belieben)

140 g feiner Zucker

150 ml Wasser

DEKORATION

Schlagsahne

frische Minzezweige

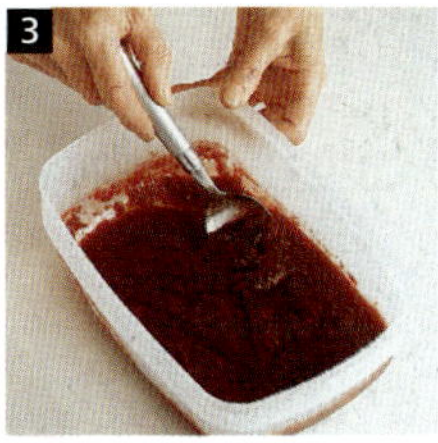

Variation

Wer es ganz eilig hat mit dem Abkühlen, kann das Früchtepüree auch durch 1 Liter Fruchtsaft, etwa Orangen- oder Johannisbeersaft, ersetzen.

1 Erd-, Him- und Brombeeren im Mixer fein pürieren. Das Püree durch ein feinmaschiges Sieb in einen Gefrierbehälter streichen (so werden alle Samenkörner entfernt) und nach Belieben mit Zitronensaft abschmecken.

2 Zucker und Wasser in einem Topf bei geringer Hitze unter Rühren erwärmen, bis sich der Zucker gelöst hat. Diesen Sirup in das Früchtepüree gießen und gut damit vermengen. Die Masse unter gelegentlichem Rühren abkühlen lassen. Anschließend abdecken und im Gefrierfach 2–3 Stunden tiefkühlen, bis sie erstarrt ist.

3 Die erstarrte Granita 30 Minuten vor dem Servieren in den Kühlschrank stellen. Die leicht angetaute Masse gut durchrühren, dann in hohe Gläser oder Tassen füllen, mit je 1 Löffel geschlagener Sahne sowie Brombeeren und Minzezweigen dekorieren und servieren.

Beschwipste Eiscremesaucen

Garzeit: 5–10 Min.

Vorbereitung: 1 Std. 10 Min.

Für 6 Personen

Eiscreme lässt sich gut auf Vorrat lagern, kann aber rasch langweilig werden und Ihnen den Ruf der Fantasielosigkeit einbringen. Mit den hier vorgestellten Saucen können Sie das vermeiden.

NÄHRWERTANGABEN	
Kilokalorien	52 / 369 / 103
Eiweiß	0 / 2 / 0 g
Kohlenhydrate	11 / 29 / 10 g
Zucker	11 / 28 / 7 g
Fett	0 / 28 / 0 g
davon gesättigt	0 / 17 / 0 g

Variation

Der Alkohol verleiht den Saucen ihren charakteristischen Geschmack. Für Kinder können Sie ihn bei der Beeren- und Schokoladensauce weglassen.

ZUTATEN

BEERENSAUCE

225 g Beerenfrüchte, z. B. Brombeeren oder Himbeeren
2 EL Wasser
2–3 EL feiner Zucker
2 EL Fruchtlikör, z. B. Crème de cassis oder Crème de framboise

SCHOKOLADENSAUCE

150 ml Crème double
55 g Butter
55 g Rohrzucker
175 g dunkle Schokolade, in Stücken
2 EL Rum (nach Belieben)

PORTWEINSAUCE

2 TL Speisestärke
350 ml roter Portwein

1

2

3

Tipp

Diese Saucen schmecken vorzüglich zu schlichtem Vanilleeis. Das sollte Sie jedoch nicht davon abhalten, auch einmal andere Sorten zu probieren.

1 Für die Beerensauce alle Zutaten in einen Topf geben und bei geringer Hitze unter Rühren erwärmen, bis sich der Zucker gelöst hat und aus den Früchten Saft austritt. Die Mischung mit dem Pürierstab oder im Mixer glatt pürieren, dann durch ein Sieb streichen, um die Samenkörner zu entfernen. Der Sauce, falls nötig, etwas mehr Zucker zugeben und sie dann warm oder kalt servieren.

2 Für die Schokoladensauce Crème double, Butter und Zucker in die Schüssel eines Wasserbadtopfes (Bain-Marie) geben. Die Mischung über sanft köchelndem Wasser glatt rühren, dann den Einsatz aus dem Topf nehmen und die Creme leicht abkühlen lassen. Die Schokoladenstücke einrühren, bis sie geschmolzen sind. Nach Belieben Rum zufügen. Die fertige Sauce auf Zimmertemperatur abgekühlt servieren.

3 Für die Portweinsauce die Speisestärke mit 50 ml Portwein in einer kleinen Schale glatt rühren. Den restlichen Portwein in einen Topf geben und aufkochen. Dann die Speisestärkemischung zufügen und die Sauce bei starker Hitze 1 Minute kochen, bis sie eindickt. Dann vom Herd nehmen und abkühlen lassen. Die Sauce in eine Schüssel füllen und vor dem Servieren 30 Minuten im Kühlschrank erkalten lassen.

Register

Register